„In andrer Leute Küchen ist gut kochen lernen."

Titel der Originalausgabe: 8 potte'

Fotos: Morten Brun
Idee, Textsammlung und Design: Kristine Lillevik
Rezeptbearbeitung: Aase Strømstad

5 4 3 2 1

ISBN 978-3-88117-782-5
Übersetzung aus dem Norwegischen: Melanie Schirdewahn
Redaktion: Christiane Leesker

Printed in Italy

www.hoelker-verlag.de

Kristine Lillevik und Morten Brun

zusammen kochen!

MIT FREUNDEN KOCHEN IST URLAUB IM ALLTAG

Hölker Verlag

„Davon brauche ich unbedingt das Rezept!" Kommt Ihnen dieser Satz bekannt vor? Bestimmt! Denn gerade bei Freunden lernt man neue Gerichte kennen und lässt sich inspirieren. Jeder hat ja seine ganz persönlichen Spezialitäten. Viele der Rezepte, die Sie immer schon haben wollten, haben wir in diesem Buch zusammengetragen. Woher wir die haben? Ganz einfach: Wir besuchten acht Freundeskreise, für die Kochen eine Leidenschaft ist. Wir schnupperten hinein in eine warme, intime Atmosphäre, erlebten die Stimmung bei Tisch und bekamen die Rezepthefte überreicht. Wir fotografierten die Vorbereitungen, das Essen und die Gäste. Wir danken allen Teilnehmern und ihren Freunden aus tiefstem Herzen für ihre Lieblingsgerichte, ihre gelüfteten Geheimnisse und ihre Gastfreundschaft.

Die Rezepte sind, wenn nicht anders angegeben, für 6 Personen berechnet

Ein Name für unseren Club ist uns nie eingefallen. Wir sind einfach ein paar junge Frauen, die gern gemütlich zusammensitzen und lecker kochen. Reicht das nicht? Kein Getratsche oder oberflächliches Gerede. Wir sprechen über wichtige Dinge, frei von der Leber weg. Natürlich finden wir nicht auf alles eine Antwort – also endet es meistens damit, dass Guri sich als Wahrsagerin betätigt ...

GURI, MARIANNE, CHRISTINE, MERETE, LENE UND KIKKI

Gorgonzola mit Birne und Pfeffer

Eine tolle Vorspeise oder ein Snack für zwischendurch: 1 große Scheibe Weißbrot mit gutem Olivenöl beträufeln – nicht zu viel, nur ein bisschen. Mit einer dicken Scheibe leckerem Gorgonzola belegen. Darauf ein paar Birnenstreifen verteilen und mit frisch gemahlenem Pfeffer würzen. Mit 2–3 Rucolablättern dekorieren und schwups – fertig ist ein wundervolles Gericht!

Thailändische Miesmuscheln mit Curry

2 kg Miesmuscheln
Butter zum Andünsten
2 EL rote Currypaste oder 4 EL Currypulver
1 Zwiebel, geschält und gehackt
1 rote Chilischote, geputzt, entkernt und fein gehackt
2 EL Zucker
1 Dose Kokosmilch (400 ml)
300 ml Sahne
2 Knoblauchzehen, geschält und fein gehackt
3 EL kalte Butter
1 Bund frischer Koriander, gehackt

Zunächst prüfen, ob die Muscheln wirklich frisch sind – das ist ganz wichtig! Dazu alle Muscheln in kaltes Wasser legen und 5–10 Minuten warten. Alle Muscheln, die oben schwimmen oder auf dem Weg nach oben sind, aussortieren – auch solche, die sich nicht geöffnet haben. Nur so kannst du wirklich sicher sein, dass deine Gäste auch am nächsten Tag noch gesund und munter sind. Miesmuscheln sind ja nicht so teuer…

Die Muscheln putzen und entbarten. Kaputte Exemplare wegwerfen. 3–4 Esslöffel Butter in einer Pfanne erhitzen. Currypaste oder Currypulver darin anbraten. Dabei gut rühren, damit sich keine Klümpchen bilden. Weitere Butter in einem großen Topf erhitzen, Zwiebel- und Chiliwürfel darin andünsten, dann Currymischung, Zucker, Kokosmilch, Sahne und Knoblauch zufügen. Alles dick einkochen lassen. Die Muscheln in den Topf geben, abdecken und garen, bis sie sich geöffnet haben. Sie geben Flüssigkeit ab und so wird die Sauce dünner, eher suppenartig. Kalte Butter unterrühren und mit gehackten Korianderblättern garniert servieren.

Mariniertes Hähnchen mit Pasta

6 Hähnchenbrüste oder -schenkel, mit Haut

12 EL Sojasauce

4 EL flüssiger Akazienhonig (ersatzweise Sirup)

50 g Pinienkerne

1 rote Chilischote, geputzt, entkernt und gehackt

2 Knoblauchzehen, geschält und gehackt

2 Prisen Meersalz

200 ml natives Olivenöl extra

6 EL frisch gehacktes Basilikum

Butter zum Braten

500 g Pasta (z.B. Spaghetti)

Rucola zum Garnieren

Die Hähnchenteile waschen und trockentupfen. Sojasauce und Honig verrühren, das Fleisch 30 Minuten in der Marinade ziehen lassen, dabei mehrmals wenden. Die Pinienkerne bei mittlerer Hitze vorsichtig in einer trockenen Pfanne rösten. Chili, Knoblauch, Salz, Olivenöl und Basilikum mischen und mindestens 30 Minuten durchziehen lassen.

Butter in einer Pfanne erhitzen. Hähnchenteile aus der Marinade nehmen, gut trockentupfen und bei mittlerer Hitze in der Butter goldbraun braten. Aufpassen, dass sie nicht trocken werden. Sie sind gar, wenn beim Anstechen nur klarer Fleischsaft austritt.

Die Nudeln al dente kochen, abgießen, zusammen mit der Olivenölmischung zurück in den Topf geben und gut vermengen. Eine große Servierschale mit Rucolablättern auslegen und die Pasta einfüllen. Hähnchenteile obenauf legen und mit den Pinienkernen garnieren. Dazu passen beispielsweise grüner Spargel und geriebener Parmesan.

Selbstgemachtes Pfefferkuchen-Eis

3 Eigelb
90 g Zucker
90 g Pfefferkuchen, zerbröselt
200 ml Milch
300 ml Sahne

Eigelbe und Zucker schaumig schlagen. Die Pfefferkuchenbrösel zufügen, dann die Milch einrühren. Die Sahne steif schlagen und unterheben. Die Eismasse einfrieren.

Besonders lecker wird es, wenn man das Pfefferkuchen-Eis mit Erdbeeren kombiniert. Hmmm!

Kalte Rhabarbersuppe mit Kardamom-Eis und Erdbeeren

Für das Kardamom-Eis:
2 Eigelb
120 g Zucker
3 TL gemahlener Kardamom
200 ml Milch
300 ml Sahne

Für die Rhabarbersuppe:
400 g Rhabarber
1 Zimtstange
100 g Zucker
1 gehäufter EL Speisestärke

Außerdem:
250 g frische Erdbeeren, geputzt und in Scheiben geschnitten

Für das Kardamom-Eis die Eigelbe mit dem Zucker schaumig schlagen. Kardamom und Milch einrühren. Die Sahne steif schlagen und unterheben. Die Masse einfrieren In der ersten halben Stunde mehrfach durchrühren.
Für die Suppe den Rhabarber waschen, putzen, längs halbieren und klein schneiden. 1,2 Liter Wasser zum Kochen bringen, Rhabarber und Zimt zufügen und ca. 5 Minuten kochen lassen. Die Zimtstange entfernen. Die Suppe mit Zucker süßen. Schließlich die Speisestärke mit 1 Esslöffel kaltem Wasser glatt rühren, den Topf vom Herd nehmen und die Mischung einrühren. Noch einmal aufkochen und dann abkühlen lassen. Zum Servieren die Suppe auf Teller verteilen, je 1 Kugel Eis in die Mitte setzen und mit Erdbeerscheiben dekorieren.

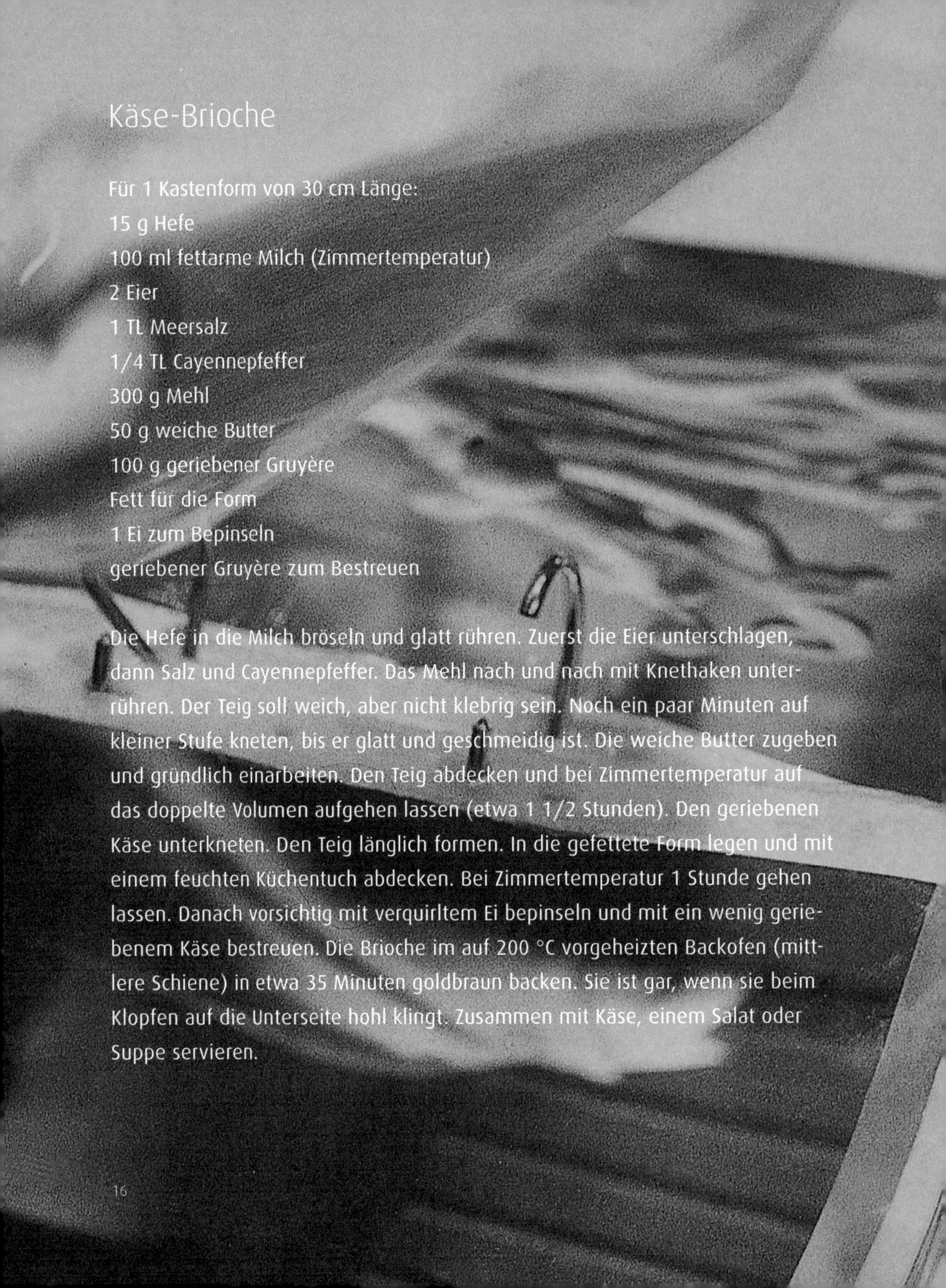

Käse-Brioche

Für 1 Kastenform von 30 cm Länge:

15 g Hefe

100 ml fettarme Milch (Zimmertemperatur)

2 Eier

1 TL Meersalz

1/4 TL Cayennepfeffer

300 g Mehl

50 g weiche Butter

100 g geriebener Gruyère

Fett für die Form

1 Ei zum Bepinseln

geriebener Gruyère zum Bestreuen

Die Hefe in die Milch bröseln und glatt rühren. Zuerst die Eier unterschlagen, dann Salz und Cayennepfeffer. Das Mehl nach und nach mit Knethaken unterrühren. Der Teig soll weich, aber nicht klebrig sein. Noch ein paar Minuten auf kleiner Stufe kneten, bis er glatt und geschmeidig ist. Die weiche Butter zugeben und gründlich einarbeiten. Den Teig abdecken und bei Zimmertemperatur auf das doppelte Volumen aufgehen lassen (etwa 1 1/2 Stunden). Den geriebenen Käse unterkneten. Den Teig länglich formen. In die gefettete Form legen und mit einem feuchten Küchentuch abdecken. Bei Zimmertemperatur 1 Stunde gehen lassen. Danach vorsichtig mit verquirltem Ei bepinseln und mit ein wenig geriebenem Käse bestreuen. Die Brioche im auf 200 °C vorgeheizten Backofen (mittlere Schiene) in etwa 35 Minuten goldbraun backen. Sie ist gar, wenn sie beim Klopfen auf die Unterseite hohl klingt. Zusammen mit Käse, einem Salat oder Suppe servieren.

Grüner Salat

5 EL Olivenöl
1 Knoblauchzehe, geschält
frisch gemahlener Pfeffer
1 Kopf Lollo rosso
1 Kopf Romana-Salat
1 Bund Rucola
grobes Meersalz
1/2 Zitrone

Das Öl in eine Salatschüssel geben, den Knoblauch hineinpressen und mit Pfeffer würzen. Die Blattsalate putzen, waschen, trockenschleudern, in mundgerechte Stücke zupfen und in die Schüssel füllen. Gut mit Meersalz bestreuen und den Saft der halben Zitrone darüber auspressen. Alles gut vermischen. Schon hast du einen frischen grünen Salat, den du als Beilage servieren oder noch mit anderen Zutaten je nach Geschmack aufpeppen kannst. Z.B.: Parmesan, Avocado, getrockneten Tomaten, Radieschen, Pinienkernen, Tomaten, Croûtons oder Hähnchenfleisch.

Jansons Versuchung

6 mittelgroße Kartoffeln

18–20 eingelegte Sardellenfilets (Glas)

1 Bund Dill

Sardellenlake

300 ml Sahne

100 ml Milch

Die Kartoffeln schälen und in Scheiben schneiden. Sardellenfilets abspülen und trockentupfen. Dill abbrausen, trockentupfen und grob hacken. Kartoffeln, Sardellen und Dill abwechselnd in eine ofenfeste Form schichten. Sardellenlake aus dem Glas, Sahne und Milch verquirlen und über den Auflauf gießen. Im auf 225 °C vorgeheizten Backofen (mittlere Schiene) etwa 45 Minuten backen, bis die Kartoffeln gar sind. Mit grünem Salat und einem Bier servieren.

Den Spargel schön auf Tellern anrichten, mit Sauce begießen und mit gehobeltem Parmesan bestreuen. Eine einfache, aber total leckere Vorspeise.

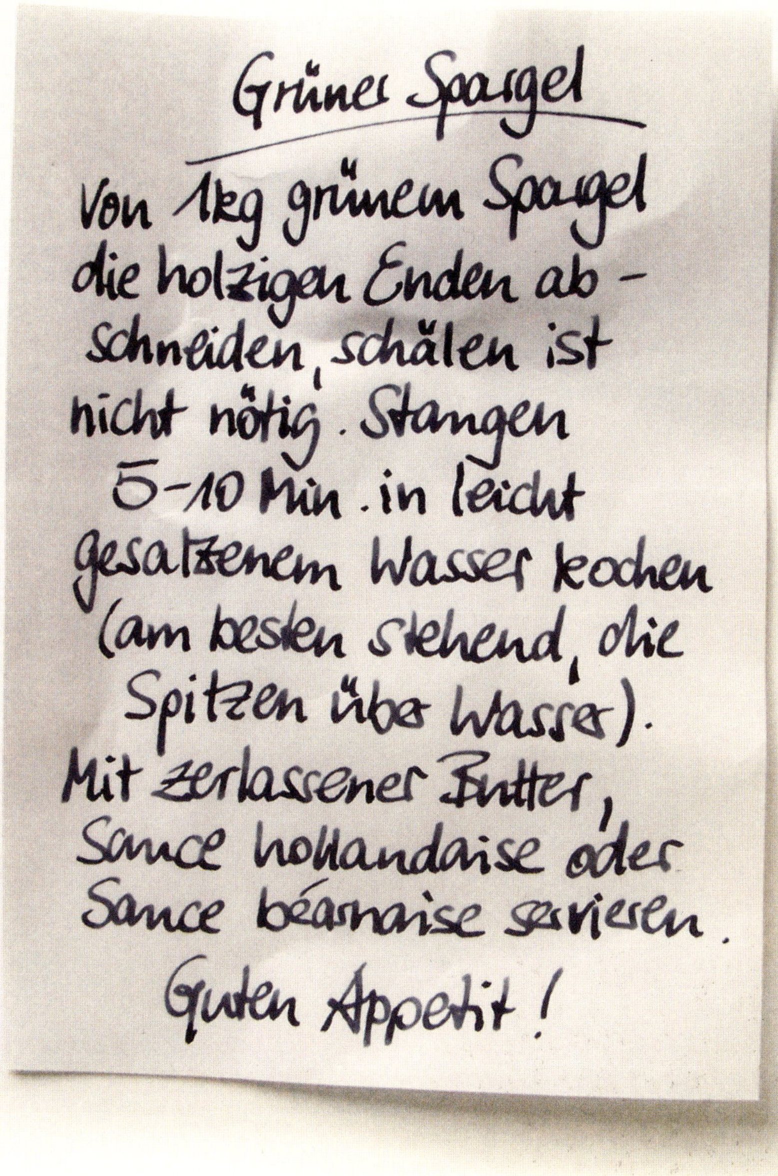

Salat mit gebratener Hähnchenleber an Soja-Vinaigrette

3 EL Olivenöl
350 g Hähnchenleber, pariert
1 Knoblauchzehe
2 Schalotten
200 ml Brühe
2 EL Balsamico
3 EL Sojasauce
Salz und frisch gemahlener Pfeffer
2 EL Schnittlauch in Röllchen
2 Tomaten, überbrüht und gehäutet
verschiedene Blattsalate, geputzt
gehackte Kräuter nach Wahl zum Garnieren

Das Olivenöl in einer Pfanne erhitzen und die Hähnchenlebern darin rundum braun anbraten. Innen sollten sie aber noch rosa sein. Aus der Pfanne nehmen und beiseitestellen. Knoblauch und Schalotten schälen, hacken und in derselben Pfanne andünsten. Brühe, Essig und Sojasauce zufügen. Alles etwa auf die Hälfte einkochen lassen. Mit Salz und Pfeffer würzen, den Schnittlauch einrühren. Die Tomaten halbieren, vom Stielansatz befreien, die Kerne mit einem Löffel entfernen und das Fruchtfleisch in Streifen schneiden. Salat auf Tellern anrichten, Tomaten und Hähnchenlebern darauf verteilen und mit dem lauwarmen Dressing servieren.

Zitronenmousse mit Erdbeeren

1 Packung Götterspeise Zitrone

250 ml Sahne

250 g TK-Erdbeeren

Götterspeise nach Packungsanweisung zubereiten, aber nur die Hälfte der angegebenen Wassermenge verwenden. Sahne steif schlagen und unterheben. Kalt stellen. Die Erdbeeren in einem Topf erwärmen und püriert zu der Mousse servieren.

Brownies

125 g geschmolzene Butter

150 g Zucker

2 Eier

90 g Mehl

4 EL Kakaopulver

1 1/2 TL Vanillezucker

50 g gehackte Haselnusskerne

Puderzucker zum Bestäuben

Butter und Zucker schaumig schlagen. Eier verquirlen und unterrühren. Mehl mit den restlichen Zutaten vermischen und ebenfalls unterrühren. Den Teig in eine mit Backpapier ausgelegte flache Form füllen und im auf 175 °C vorgeheizten Backofen (mittlere Schiene) etwa 20 Minuten backen. Abgekühlt mit Puderzucker bestäuben und in Vierecke schneiden.

Oreganobrot

1 kg Mehl

50 g Parmesan

1 EL Oregano

100 g Butter plus Butter zum Bestreichen

300 ml Milch

50 g Hefe

Mehl und Parmesan mit der Hälfte des Oreganos mischen. Butter und Milch zusammen auf etwa 40 °C erhitzen. Die Hefe darin auflösen. Alles zu einem geschmeidigen Teig verkneten und zugedeckt auf das doppelte Volumen aufgehen lassen. Den Teig in 20 Stücke teilen und zu Kugeln formen. Jeweils 7 Kugeln in 2 Reihen dicht an dicht auf ein mit Backpapier ausgelegtes Backblech legen. Die restlichen 6 so obenauf legen, dass ein „Brot" entsteht. Weitere 15–20 Minuten gehen lassen. Dann mit geschmolzener Butter bestreichen und mit dem restlichen Oregano bestreuen. Im auf 200 °C vorgeheizten Backofen (mittlere Schiene) etwa 40 Minuten backen. Bei Tisch kann sich jeder sein Stück vom Ganzen abbrechen.

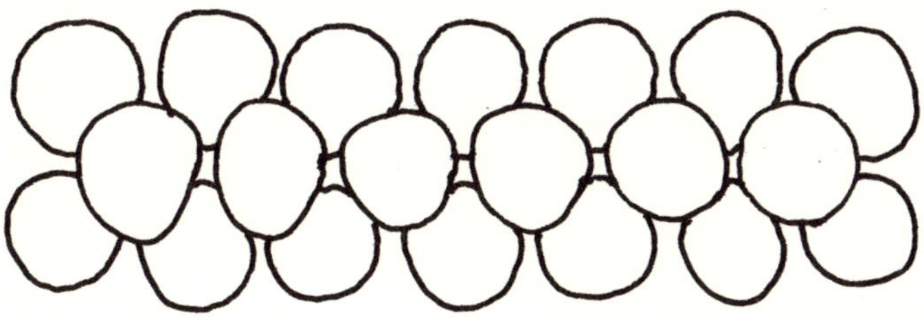

So platzierst du die Kugeln richtig.

Lenes Käsekuchen

Für die Füllung:
Saft und abgeriebene Schale von
1 unbehandelten Zitrone
500 g Doppelrahmfrischkäse
120 g Zucker
4 Eier

Für den Boden:
15 Vollkorn-Butterkekse
1 TL Zimt
100 g Butter

Außerdem:
Fett für die Form
300 g Crème fraîche zum Dekorieren

Für die Füllung Zitronensaft und -schale in einer Schüssel mischen. Frischkäse, Zucker und Eier unterschlagen und die Masse beiseitestellen.
Für den Boden die Kekse zerbröseln und mit dem Zimt in eine Schüssel geben. Die Butter schmelzen und zu den Keksen geben. Zu einem Teig vermischen und in eine gefettete Springform füllen. Im auf 175 °C vorgeheizten Backofen (mittlere Schiene) 10 Minuten backen. Herausnehmen, die Käsefüllung hineingeben und weitere 45 Minuten backen. Den fertigen Kuchen abkühlen lassen und mit Crème fraîche dekorieren.

DER SAUERBRATEN MEINER URGROSSMUTTER

ca. 1 kg Rinderbraten, ca. 1 l Buttermilch, Butter zum Anbraten und Schmoren, 2 TL Salz, 1/2 TL Pfeffer, ca. 300 g Crème fraîche, ca. 300 ml Sahne, Ziegenfrischkäse und Wacholderbeeren zum Abschmecken

Den Braten 1–5 Tage in Buttermilch einlegen, je nachdem, wie sauer er werden soll. Danach in Butter scharf anbraten. Salzen, pfeffern und in einem Topf mit viel Butter von jeder Seite 5 Minuten schmoren. Crème fraîche und Sahne einfüllen, bis der Braten bedeckt ist. Etwa 30 Minuten zugedeckt schmoren lassen, er soll innen noch leicht rosa sein. Die Sauce mit Ziegenkäse und zerdrückten Wacholderbeeren abschmecken. Mit Gemüse, Salzkartoffeln und Preiselbeeren servieren. Meine Urgroßmutter hat mit diesem Sauerbraten vor fast 100 Jahren einen Kochwettbewerb in Deutschland gewonnen. Der ist einfach grandios!

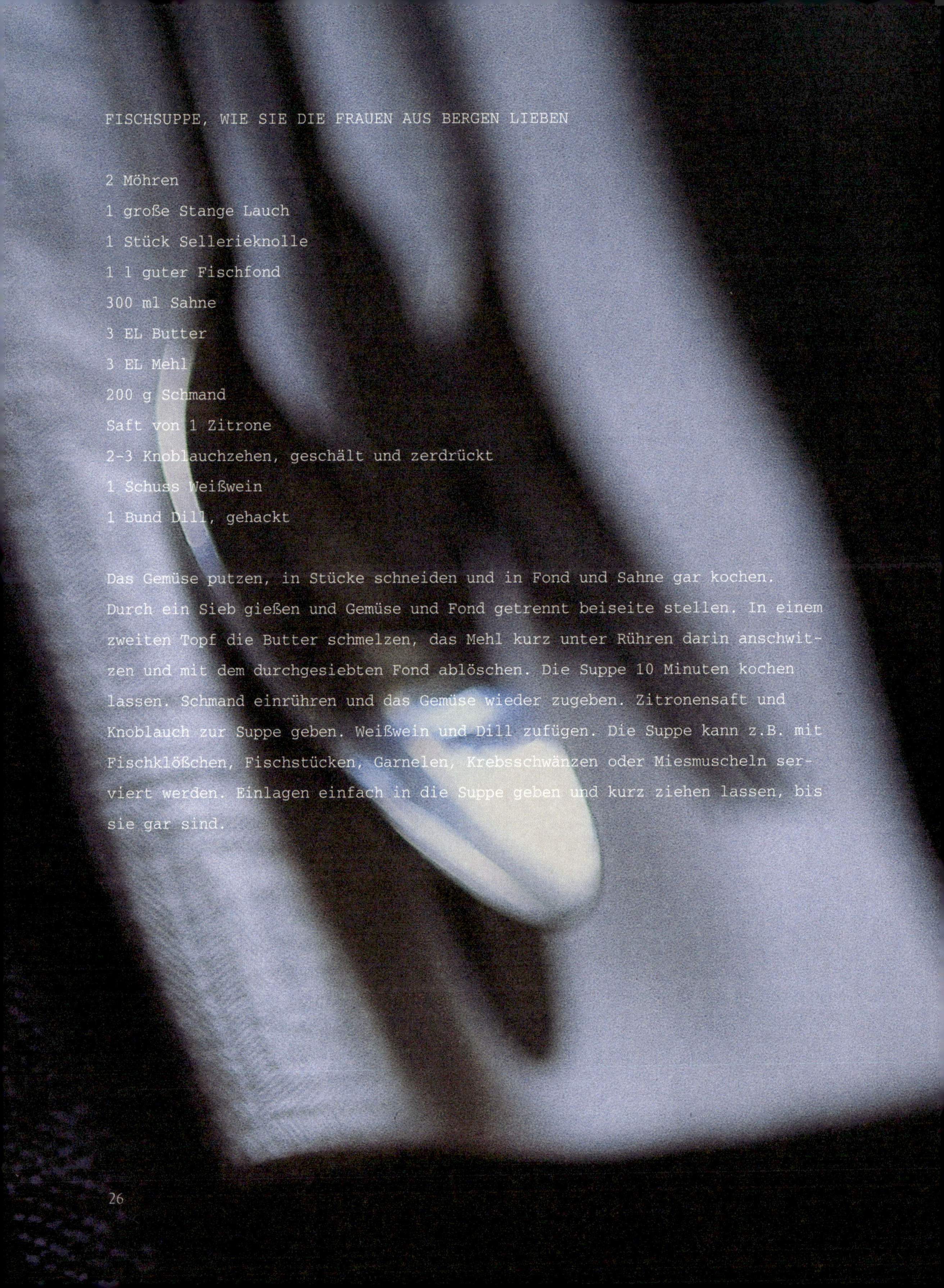

FISCHSUPPE, WIE SIE DIE FRAUEN AUS BERGEN LIEBEN

2 Möhren

1 große Stange Lauch

1 Stück Sellerieknolle

1 l guter Fischfond

300 ml Sahne

3 EL Butter

3 EL Mehl

200 g Schmand

Saft von 1 Zitrone

2-3 Knoblauchzehen, geschält und zerdrückt

1 Schuss Weißwein

1 Bund Dill, gehackt

Das Gemüse putzen, in Stücke schneiden und in Fond und Sahne gar kochen. Durch ein Sieb gießen und Gemüse und Fond getrennt beiseite stellen. In einem zweiten Topf die Butter schmelzen, das Mehl kurz unter Rühren darin anschwitzen und mit dem durchgesiebten Fond ablöschen. Die Suppe 10 Minuten kochen lassen. Schmand einrühren und das Gemüse wieder zugeben. Zitronensaft und Knoblauch zur Suppe geben. Weißwein und Dill zufügen. Die Suppe kann z.B. mit Fischklößchen, Fischstücken, Garnelen, Krebsschwänzen oder Miesmuscheln serviert werden. Einlagen einfach in die Suppe geben und kurz ziehen lassen, bis sie gar sind.

GARNELENMOUSSE

8 Blatt weiße Gelatine, in kaltem Wasser eingeweicht und ausgedrückt
400 ml Sahne, halbsteif geschlagen
1 kg Garnelen, geschält, gekocht und gehackt
1 große Tasse fein gehackte Zwiebeln
1 große Tasse gehackter Dill
1 TL Sauce Ravigote (Fertigprodukt)*
100 g Lachs- oder Forellenkaviar
Garnelen, Zitronenachtel und Dillspitzen zum Garnieren

Die Gelatine in etwas heißem Wasser auflösen, leicht abkühlen lassen. Die Sahne unterheben. Die anderen Zutaten unterrühren. Die Masse in eine Form füllen und über Nacht abgedeckt kalt stellen. Mit Garnelen, Zitrone und Dill garniert servieren.

*Sauce Ravigote kann man auch selbst machen: Einfach eine Vinaigrette mit Dijonsenf, Kräutern, Kapern und Sardellen (jeweils gehackt) verrühren.

TRINE, ELLEN, BIRGITTE, MERETE, ANNIKEN, CECILIE UND ELLEN W.

Wir sind 7 junge Frauen und nennen uns – sehr passend – „Club Sieben". Wir kennen uns schon aus dem Sandkasten. Für jedes Treffen alle zusammenzubekommen ist leider unmöglich, aber 6 sind meistens mit von der Partie. Wir haben jede einen Mann und alle zusammen 11 Kinder – einigermaßen gleichmäßig verteilt. Trine hat sich gerade ein Haus gekauft – mit Garten und allem Pipapo. Tja, sieht so aus, als würden wir langsam alle alte Schachteln.

Annikens Willkommensbowle

1 l trockener Weißwein, gut gekühlt
1 l Mozell (alkoholfreier Cidre), gut gekühlt
1 l Sprite, gut gekühlt
2,5–5 dl Wodka (je nachdem, wie stark die Bowle sein soll)
Erdbeeren zum Dekorieren, geputzt

Alle Zutaten in einem Bowlegefäß mischen: fertig!

Caesar-Salat mit Hähnchenbrust

1 Romana-Salat, geputzt, kleingezupft
100g Parmesan, in Scheiben gehobelt
3 Hähnchenbrustfilets (mit frischem Estragon in Öl gebraten, in Streifen geschnitten)
Caesar-Salat-Dressing (Glas)
Croûtons*

* 3 Weißbrotscheiben in Würfel schneiden. Ordentlich Olivenöl in eine flache Auflaufform gießen, im Backofen bei 225 °C erhitzen. Aus dem Ofen nehmen, 3 Knoblauchzehen ins Öl legen und für 5 Minuten wieder in den Ofen stellen. Wieder herausnehmen, das Brot im Öl wenden und mit Salz bestreuen. In nochmal 5 Minuten (mittlere Schiene) goldbraun und knusprig rösten.

Die Salatzutaten auf einer Platte anrichten, Dressing darübergeben und kurz vor dem Servieren mit den Croûtons bestreuen.

Mittelmeer-Pasta

500 g Fettucine

200 ml Olivenöl

8 Knoblauchzehen, geschält und fein gehackt

300 g gegarter Lachs, in mundgerechten Stücke geschnitten

18 gegarte Scampi

200 g gegarte Miesmuscheln

200 g gekochte Garnelen

Fruchtfleisch von 2 Avocados, gewürfelt

2 gelbe Paprikaschoten, geputzt und fein gewürfelt

4 EL fein gehackte Petersilie

Die Nudeln nach Packungsanweisung al dente garen. Abgießen, abtropfen lassen und zurück in den Topf geben. Öl und Knoblauch zufügen und mit den Nudeln erhitzen. Dann vorsichtig Lachs, Scampi, Muscheln und Garnelen unterheben. Alles zusammen erwärmen. Schließlich die Avocado- und Paprikawürfel unterheben. Mit Petersilie bestreuen und sofort servieren.

Chili-Hähnchen mit Rucolasalat für 6 Frauen mit Bärenhunger

Für das Hähnchen:

3 Hähnchenbrüste
6 Hähnchenschenkel
reichlich süße Chilisauce
Sojasauce
1 EL frisch geriebener Ingwer

Die Hähnchenteile in eine ofenfeste Form legen, gut mit Chilisauce bedecken und mit Sojasauce beträufeln. Zum Schluss geriebenen Ingwer darüberstreuen und im auf 225 °C vorgeheizten Backofen (mittlere Schiene) etwa 20 Minuten backen. Zwischendurch immer mal einen Blick in den Ofen werfen und die Stücke wenden, falls sie zu braun werden!

Für den Salat:

2 große rote Paprikaschoten
4 EL natives Olivenöl
2 EL Zitronensaft
1 TL Pfeffer
400 g Reis-Vermicelli
100 g Pinienkerne
Sesamöl zum Beträufeln
300 g Rucola
frisch gehobelter Parmesan
Balsamico

Paprika längs halbieren, putzen und waschen. Mit der Hautseite nach oben auf den Backofenrost legen (mittlere Schiene). Im vorgeheizten Ofen (225°C) garen, bis die Haut dunkelbraun wird und Blasen wirft. Schoten abkühlen lassen und häuten. Fruchtfleisch in Streifen schneiden und 1 Stunde in einer Mischung aus Olivenöl, Zitronensaft und Pfeffer ziehen lassen.
Reis-Vermicelli nach Packungsanweisung garen und danach gut mit kaltem Wasser abschrecken.
Pinienkerne in einer trockenen Pfanne rösten, bis sie gleichmäßig hellbraun sind. Aufpassen, denn sie verbrennen leicht. Vermicelli in eine Salatschüssel geben und mit Sesamöl beträufeln. Den Rucola darüber verteilen und mit gehobeltem Parmesan und Pinienkernen bestreuen. Schließlich die Paprikastreifen darüber verteilen, mit Balsamico-Essig beträufeln und zum Hähnchen servieren: biddeschöööön!

Zu diesem Gericht schmeckt meiner Meinung nach am besten ein Bier!

Thunfischpasta

500 g Spaghetti
1 TL Olivenöl
300 g Thunfisch (Dose)
1 Zwiebel, geschält und gehackt
200 g Champignons, geputzt und in Scheiben geschnitten
300 g Crème fraîche
Salz und frisch gemahlener Pfeffer
Basilikumblättchen

Spaghetti nach Packungsanweisung al dente garen. Inzwischen das Öl in einer Pfanne erhitzen und den Thunfisch mit Zwiebel und Champignons darin andünsten. Crème fraîche zufügen und mit Salz und Pfeffer würzen. Großzügig mit Basilikumblättchen bestreuen.
Auf den frisch gekochten Spaghetti servieren, begleitet von Baguette und Salat.

Zabaglione mit frischen Beeren

4 Eigelb
100 g Zucker
abgeriebene Schale von 1 unbehandelten Zitrone
1 Schuss Cognac (Sekt oder weißer Dessertwein geht auch)
300 ml Sahne
Erdbeeren, Himbeeren, Blaubeeren, Johannisbeeren usw., geputzt

Eigelbe mit Zucker über einem heißen Wasserbad schaumig aufschlagen. So lange schlagen, bis der Zucker sich ganz aufgelöst hat und der Eischaum eine luftig-feine Konsistenz hat. Zitronenschale und Cognac unterrühren und abkühlen lassen. Die Sahne steif schlagen und unter den abgekühlten Eischaum heben. Beides sollte ungefähr die gleiche Temperatur haben, da die Masse sonst gerinnen kann! Die Zabaglione zu den vorbereiteten Beeren servieren. Schmeckt wunderbar!

Hähnchen-Enchiladas

1 Zwiebel, geschält und gehackt

2 EL Butter oder Öl

1 Grillhähnchen, das Fleisch ausgelöst und klein geschnitten

1 Beutel Tacogewürz

2 Tomaten, klein gehackt

300 g Mais aus der Dose

450 g Tacosauce

300 g geriebener Käse (z. B. Gouda)

300 g Schmand

8 Weizentortillas

Die Zwiebel in Butter oder Öl glasig dünsten. Das Grillhähnchenfleisch und das Tacogewürz unterrühren. Tomaten und Mais zufügen. Schließlich die Tacosauce einrühren. Die Mischung zusammen mit etwas Käse und Schmand auf den Tortillas verteilen. Die Tortillas einrollen und im auf 225 °C vorgeheizten Backofen (mittlere Schiene) etwa 20 Minuten backen, bis der Käse Blasen wirft. Mit Reis, grünem Salat, Schmand, Tacosauce und am besten auch noch Guacamole servieren.

Annes Pastasalat

200 g Farfalle
3–4 Knoblauchzehen, geschält und gehackt
Olivenöl
400 g geschälte Tomaten (Dose)
100 ml Weißwein
Salz und Pfeffer
300 ml Sahne
100 g Krabben
Dill oder Basilikum, gehackt

Die Nudeln bissfest garen, abgießen und abschrecken. Im Sieb abkühlen lassen.
Knoblauch in Öl andünsten. Tomaten und Weißwein zufügen. Salzen und pfeffern. Die Sahne unterrühren.
Nudeln und Krabben mit der lauwarmen Sauce mischen. Mit Dill oder Basilikum garniert servieren.

Pizza

Für den Teig:

42 g Hefe

300 ml lauwarmes Wasser

2 EL Olivenöl

1 TL Salz

600 g Mehl

Für den Belag:

800 g geschälte Tomaten (Dose)

1 Zwiebel, geschält und fein gehackt

2 Knoblauchzehen, geschält und zerdrückt

1 1/2 rote Chilischoten, geputzt, entkernt und fein gehackt

Salz und frisch gemahlener Pfeffer

100 g Schinken oder Bacon in Streifen

200–300 g geriebener Käse (z.B. Emmentaler)

Für den Teig die Hefe im Wasser auflösen, Öl und Salz zufügen und mit dem Mehl zu einem glatten, geschmeidigen Hefeteig verkneten. Abgedeckt an einem warmen Ort in etwa 30 Minuten auf das doppelte Volumen aufgehen lassen.

Für den Belag die Tomaten pürieren, Zwiebel, Knoblauch und Chili zufügen. Die Sauce einkochen, bis sie leicht eingedickt ist. Salzen und pfeffern.

Den Teig dünn ausrollen und mit der Sauce bestreichen, aber nicht ganz bis zum Rand. Mit Schinken oder Bacon belegen und schließlich mit Käse bestreuen. Auf einen Pizzastein legen, der zuvor im Backofen bei 225 °C erhitzt wurde. (Pizzasteine kriegt man im Haushaltswarenladen für etwa 25 Euro.) Die Pizza bei 225 °C etwa 15 Minuten backen.

Auch eine gute Idee: den geriebenen Käse mit zerbröckeltem Blauschimmelkäse mischen.

Eine Ladung Brötchen

1 l Milch, 120 g Butter

1,5 kg Mehl

2 1/2 Päckchen Trockenhefe

1 TL Salz

1 Ei zum Bestreichen

Milch mit Butter auf 37 °C erhitzen. Mehl, Trockenhefe und Salz mischen, die Milchmischung darübergießen. Alles zu einem Teig verkneten, abdecken und 1 Stunde gehen lassen. Dann durchkneten und zu zwei Rollen formen. Diese in gleich große Stücke schneiden und zu Kugeln rollen. Die Brötchen auf ein mit Backpapier ausgelegtes Backblech legen und abgedeckt weitere 30 Minuten gehen lassen. Mit verquirltem Ei bepinseln und im auf 250 °C vorgeheizten Backofen (mittlere Schiene) in etwa 20 Minuten goldbraun und knusprig backen.

Ich glaube das ist … italienisches Brot, oder?

Focaccia

30 g Hefe
300 ml lauwarmes Wasser
1 TL Salz
1 TL Zucker
1 TL Olivenöl
270 g Mehl
50 ml Olivenöl zum Beträufeln
1 EL grobes Meersalz
frisch gehackter Rosmarin

Die Hefe im Wasser auflösen. Salz, Zucker und Öl zufügen und mit dem Mehl zu einem glatten, geschmeidigen Teig verkneten. Den Teig abgedeckt in etwa 30 Minuten auf das doppelte Volumen aufgehen lassen.

Den Teig nochmals kurz durchkneten, zu einem etwa 2 Zentimeter dicken Fladen formen und auf ein mit Backpapier ausgelegtes Backblech legen. Abgedeckt weitere 15–20 Minuten gehen lassen. Mit den Fingerkuppen kleine Dellen in den Teig drücken, mit Olivenöl beträufeln und mit Salz und Rosmarin bestreuen. Die Focaccia im auf 250 °C vorgeheizten Backofen (mittlere Schiene) etwa 20 Minuten backen.

In der Regel sucht man sich ja eine Krabbelgruppe – wir haben selbst eine gegründet. Wir haben nämlich alle Kinder – und vormittags frei. Viele denken ja, wenn man nicht arbeitet, hat man seine Ruhe. Aber denkste! Wir haben volles Programm! Volles Fernseh-Programm! Wir lieben Soaps und quatschen viel über Kinder. Lars' Frau behauptet, dass sie in ihrer Krabbelgruppe nie über Kinder reden – wie schrecklich!

ELLEN, MONICA, BIRGITTE, HEIDI, BEATE UND CATHRINE

Spanische Tortilla

4–5 Kartoffeln, geschält und gewürfelt

1 Zwiebel, geschält und fein gehackt

4 EL Olivenöl

2 Knoblauchzehen, geschält und zerdrückt

Salz und frisch gemahlener Pfeffer

6 Eier

Kartoffeln und Zwiebel in Olivenöl anbraten, Knoblauch zufügen und mit Salz und Pfeffer würzen. Bei geringer Hitze abgedeckt weich schmoren lassen. Die Eier verquirlen, salzen und über die Kartoffeln gießen. Wenn die Tortilla gestockt ist, mithilfe eines Tellers wenden und fertig backen. Sie kann sowohl heiß als auch kalt serviert werden.

Eine kleine Überraschung für alle Mamas

Spanischer Käsekuchen

300 g Mehl

1 Prise Salz

6 EL Olivenöl

6 EL Weinbrand oder spanischer Likör „42"

4 Eier

175 g Zucker

400 g Hüttenkäse

30 g frische Minze

Fett für die Form

Puderzucker zum Bestäuben

Minzeblättchen zum Dekorieren

Das Mehl in eine Schüssel sieben, Salz, Olivenöl, 6 Esslöffel Wasser und Weinbrand zufügen. Alles zu einem glatten Teig verkneten, in Klarsichtfolie einschlagen und 30 Minuten im Kühlschrank ruhen lassen. Die Eier mit dem Zucker schaumig schlagen. Den Hüttenkäse mit einer Gabel gut zerdrücken und unter den Eischaum rühren. Minze abbrausen und trockentupfen. Die Blätter abzupfen, grob hacken und in die Käsemischung rühren. Eine Springform von von 26 cm Durchmesser einfetten. Den Teig dünn ausrollen und die Form so damit auskleiden, dass ein 4 cm hoher Rand entsteht. Die Käsefüllung hineingeben und gleichmäßig verstreichen (es ist ganz schlau, den Boden schon einmal 10 Minuten blind vorzubacken, bevor die Füllung hineingegeben wird). Den Kuchen im auf 220 °C vorgeheizten Backofen (mittlere Schiene) 30–40 Minuten backen, bis die Füllung gestockt ist. Aus der Form lösen und auf einem Kuchengitter abkühlen lassen. Vor dem Servieren mit ein wenig Puderzucker bestäuben und mit Minzeblättchen dekorieren.

Barraquito

starker Kaffee
abgeriebene Zitronenschale
1 Esslöffel Milch
etwas Zimt
etwas (viel) spanischer Likör (42)

Kaffee mit Zitronenschale
und Milch mischen. Mit Zimt
und Likör abschmecken.
Sehr heiß servieren.

Schokoladenkekse

100 g Butter
60 g weißer Zucker
60 g brauner Zucker
1 Ei
150 g Mehl
1/2 TL Salz
1/2 TL Backpulver
1/2 Tafel Schokolade, gehackt

Butter und Zucker schaumig schlagen. Das Ei unterrühren. Mehl mit Salz, Backpulver und Schokolade mischen und unterrühren.
Kleine Häufchen von dem Teig mit Abstand auf ein mit Backpapier ausgelegtes Backblech setzen. Die Kekse im auf 190 °C vorgeheizten Backofen (mittlere Schiene) 10 Minuten backen.

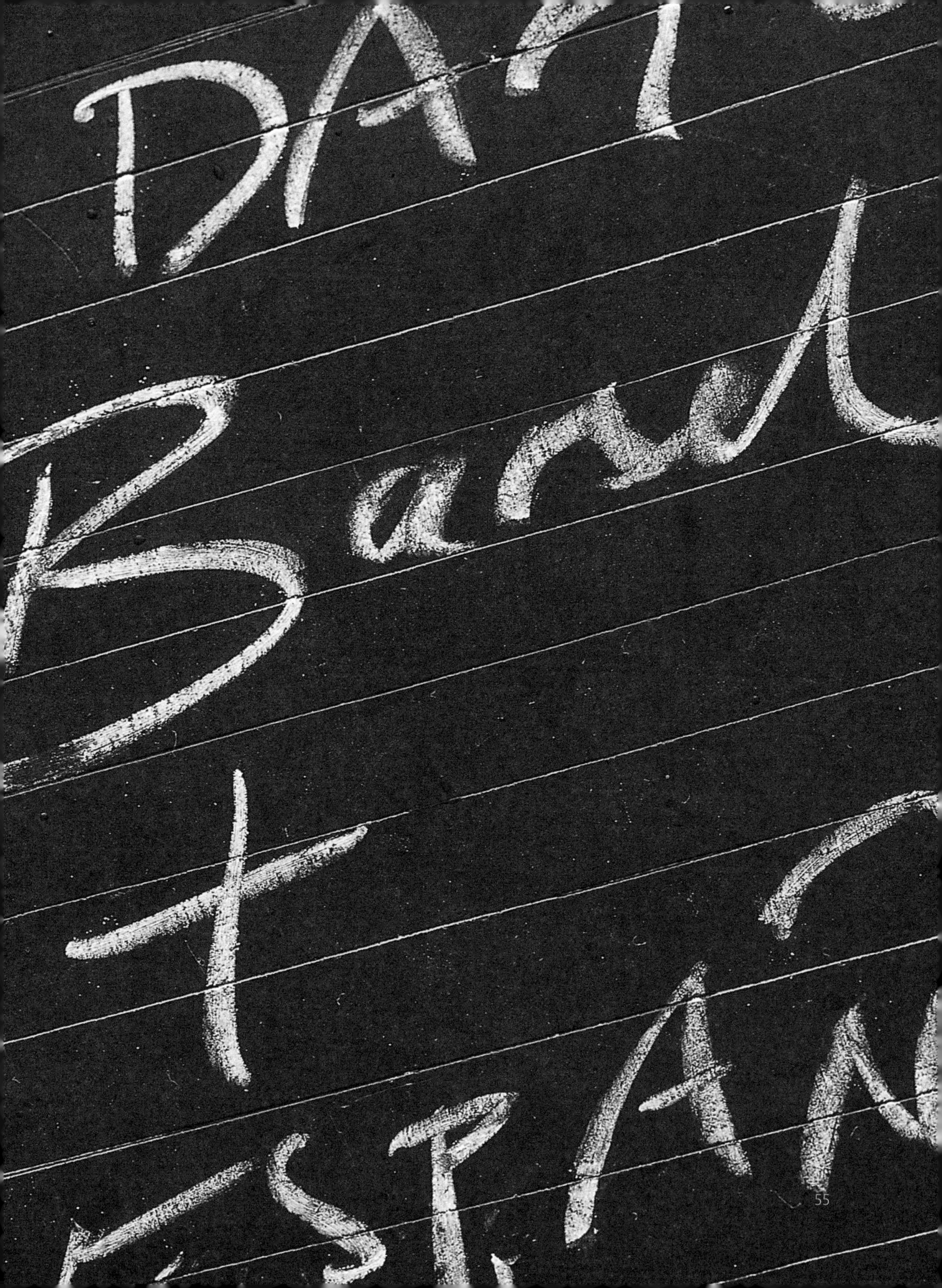

Aïoli

1 Eigelb
4 Knoblauchzehen, geschält und durchgepresst
Saft von 1/2 Zitrone oder 1 EL Essig (7%)
6 EL Olivenöl
1 EL frisch gehackte Petersilie
Salz

Eigelb, Knoblauch und Zitronensaft oder Essig in einer Schüssel gut verquirlen. Das Öl unter kräftigem Rühren zunächst tröpfchenweise und dann im feinen Strahl zugießen. Die Aïoli sollte dick, glatt und glänzend sein. Zum Schluss noch gehackte Petersilie unterrühren und mit Salz abschmecken.

Aïoli schmeckt auch ganz toll zu den Fleischbällchen von Seite 58.

Käse-Quiche

Für den Boden:
120 g Mehl
60 g Haferkleie
100 g Hüttenkäse, zerdrückt
2 EL Öl

Für den Belag:
150 g Käse (z. B. Emmentaler)
4 Eier
150 ml Sahne
150 g Schmand
1/2 TL Salz
1/4 TL frisch gemahlener weißer Pfeffer

Für den Boden Mehl, Kleie, Hüttenkäse, Öl und 2 Esslöffel Wasser zu einem geschmeidigen Teig verkneten. In Klarsichtfolie wickeln und etwa 30 Minuten kalt stellen. Dann eine Springform von 24 cm Durchmesser mit dem Teig auskleiden, dabei einen Rand hochziehen. Den Boden mit einer Gabel mehrfach einstechen. Einen Streifen Alufolie rundum an der Springformkante befestigen und über den Teigrand hängen lassen – so verhindert man, dass er beim Vorbacken zusammenfällt. Weitere 10 Minuten ruhen lassen, dann im auf 200 °C vorgeheizten Backofen (mittlere Schiene) etwa 15 Minuten vorbacken. Herausnehmen, die Alufolie entfernen und den Boden leicht abkühlen lassen.
Für den Belag den Käse grob reiben. Eier, Sahne und Schmand verrühren. Den Käse untermischen, salzen und pfeffern. Die Masse auf dem Boden verteilen und die Quiche in etwa 30 Minuten goldbraun backen. Dazu passt ein gemischter Salat.

Schwedische Fleischbällchen mit Kräutern

500 g Rindergehacktes

500 g Mett

2 altbackene Brötchen, entrindet und gerieben

2 Eier

1 Bund Petersilie, fein gehackt

1 rote Chilischote, geputzt, entkernt und fein gehackt

1 Knoblauchzehe, geschält und gehackt

2 TL Salz, frisch gemahlener Pfeffer

Fett zum Braten

Alle Zutaten außer dem Fett gründlich vermengen. Kleine Kugeln aus der Masse formen und in heißem Fett portionsweise rundum braun anbraten. Auf ein Backblech geben und im auf 225 °C vorgeheizten Backofen (mittlere Schiene) 20 Minuten garen. Mit Aïoli (siehe S. 56) oder Tomatensauce servieren. Man kann auch andere Kräuter wie Rosmarin oder Thymian verwenden.

Paella Valenciana

1 Poularde

8 Scheiben Bacon ohne Schwarte

3 Tomaten

360 g Reis

300 g Artischockenböden aus der Dose

ca. 4 EL Öl

1 Knoblauchzehe, geschält und gehackt

250 g grüne Bohnen, geputzt

1 TL Paprikapulver edelsüß

800 ml Hühnerbrühe

1 g Safranfäden

250 g Muscheln oder Garnelen

Paella ist für Spanien, was die Pizza für Italien, und kann auf viele verschiedene Weisen zubereitet werden. Hinein kommt einfach das, was man gerade zu Hause hat. Die frischen Zutaten sind jahreszeitenabhängig. Das Huhn waschen, trockentupfen und in 12–16 Stücke teilen. Den Bacon in dünne Streifen schneiden. Die Tomaten überbrühen, häuten, entkernen und vom Stielansatz befreien. Das Fruchtfleisch hacken. Den Reis in einem Sieb gut abspülen und abtropfen lassen. Artischocken ebenfalls abtropfen lassen. Das Öl in einer großen Pfanne erhitzen und die Hühnerteile darin von allen Seiten braun anbraten. Falls nötig, mehr Öl zugeben. Bacon und Knoblauch zufügen und ein paar Minuten andünsten. Reis, Artischocken, Bohnen, Paprika, Brühe und Safran unterrühren. Alles aufkochen lassen und zugedeckt 20 Minuten köcheln lassen, bis der Reis die gesamte Flüssigkeit aufgesogen hat und gar ist. Gegen Ende der Garzeit Muscheln oder Garnelen zugeben. Sofort servieren.

Ellens Tipp: Du kannst den Reis auch separat in Brühe kochen und nachher mit den anderen Zutaten mischen – das wird traumhaft gut!

Blätterteigpakete mit Rahmpilzen und frischem Thymian

Für die Blätterteigpäckchen:
3 Platten TK-Blätterteig
1 Ei zum Bepinseln

Für die Rahmpilze:
ca. 500 g Champignons, geputzt
2 EL Butter
2 Schalotten, geschält und fein gehackt
300 g Crème fraîche
1 Frühlingszwiebel, geputzt und in Ringe geschnitten
Salz und frisch gemahlener Pfeffer
frischer Thymian

Die Blätterteigplatten auftauen und halbieren. Den Teig vorsichtig behandeln und nicht drücken, da er sonst nicht so gut aufgeht. Die Quadrate auf ein mit Backpapier ausgelegtes Backblech legen und mit einem scharfen Messer je ein kleineres Quadrat mit ca. 1 cm Abstand zum Rand leicht einritzen. Das Ei verquirlen und den Blätterteig damit bepinseln. Mit einer Gabel ein Muster in die Mitte ritzen. Die Quadrate im auf 200 °C vorgeheizten Backofen (mittlere Schiene) knusprig goldgelb backen. Auf einem Kuchengitter abkühlen lassen. Den Deckel entlang der eingeritzten Linie ausschneiden und abnehmen.
Die Pilze in Scheiben schneiden. Die Butter in einer Pfanne erhitzen und die Schalotten darin glasig dünsten. Die Pilze zugeben und garen, bis die austretende Flüssigkeit eingekocht ist. Crème fraîche unterrühren. Die Frühlingszwiebel zugeben. Aufkochen, mit Salz, Pfeffer und Thymian würzen und 2–3 Minuten ziehen lassen. Kurz vor dem Servieren die Rahmpilze in die Blätterteigquadrate füllen. Den Deckel aufsetzen und mit frischem Thymian garnieren. Bon appétit!

Windbeutel mit Sahne

125 g Butter

1 Prise Salz

120 g Mehl

4 Eier

Fett für das Blech

300 ml Sahne

Puderzucker zum Bestäuben

1/4 Liter Wasser mit der Butter in einem Topf aufkochen. Salz zufügen. Das Mehl auf ein Schneidebrett oder ein Stück Papier sieben und komplett in den Topf geben. Kräftig mit einem Holzlöffel rühren, damit der Teig glatt wird und nicht am Boden haftet. Vom Herd nehmen und leicht abkühlen lassen. Die Eier nach und nach in den lauwarmen Teig einarbeiten, dabei etwa 8 Minuten kräftig rühren. Mit zwei Löffeln kleine Häufchen Teig mit Abstand auf ein eingefettetes Backblech setzen. Im auf 200 °C vorgeheizten Backofen (mittlere Schiene) 25–30 Minuten backen. Die ersten 20 Minuten auf keinen Fall die Ofentür öffnen, sonst fallen die Beutel zusammen! Herausnehmen und abkühlen lassen. Die Sahne steif schlagen. Die Spitze der Windbeutel wie einen Deckel abschneiden. Mit Sahne füllen und den Deckel wieder aufsetzen. Mit Puderzucker bestäuben und servieren.

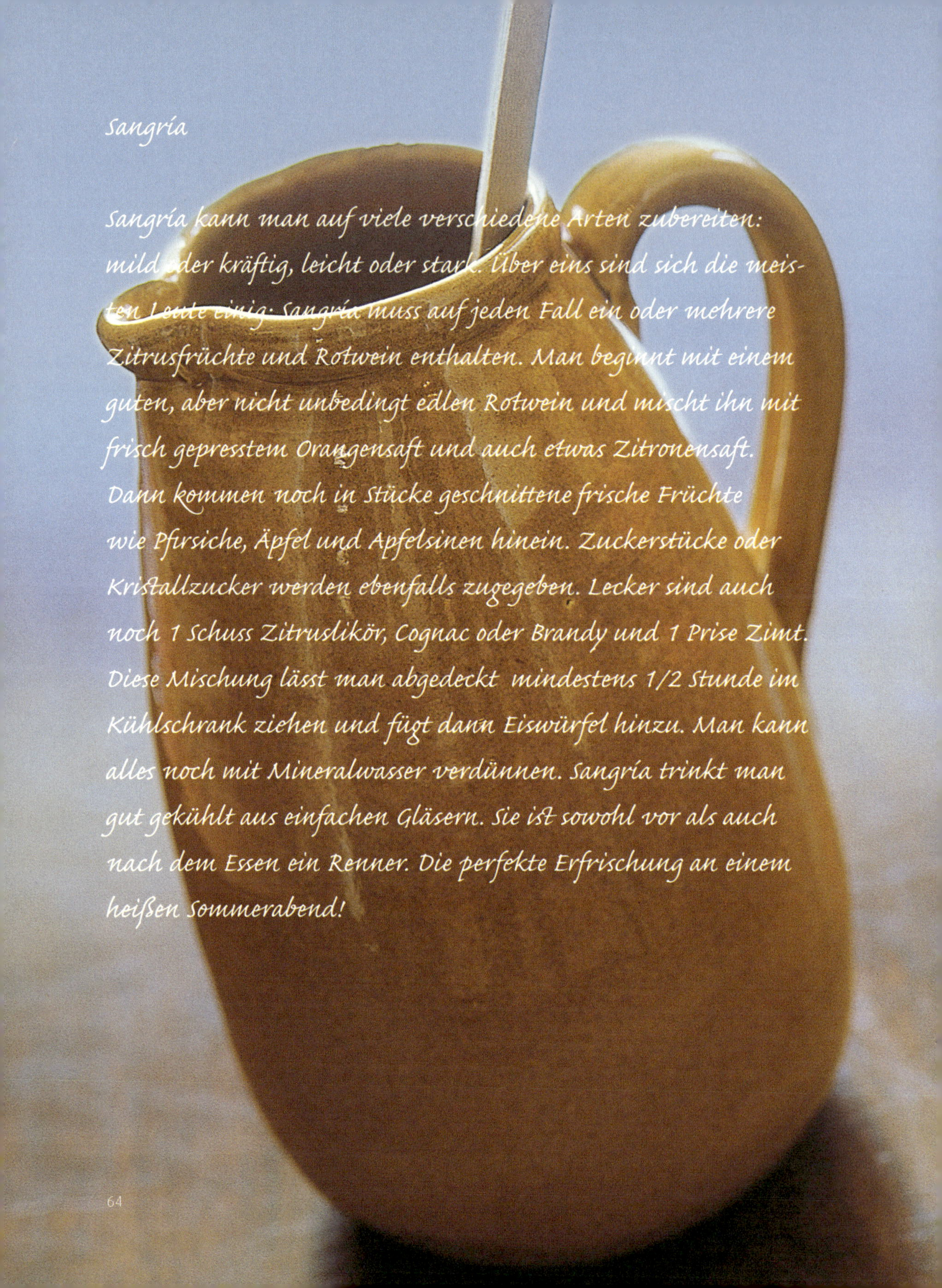

Sangría

Sangría kann man auf viele verschiedene Arten zubereiten: mild oder kräftig, leicht oder stark. Über eins sind sich die meisten Leute einig: Sangría muss auf jeden Fall ein oder mehrere Zitrusfrüchte und Rotwein enthalten. Man beginnt mit einem guten, aber nicht unbedingt edlen Rotwein und mischt ihn mit frisch gepresstem Orangensaft und auch etwas Zitronensaft. Dann kommen noch in Stücke geschnittene frische Früchte wie Pfirsiche, Äpfel und Apfelsinen hinein. Zuckerstücke oder Kristallzucker werden ebenfalls zugegeben. Lecker sind auch noch 1 Schuss Zitruslikör, Cognac oder Brandy und 1 Prise Zimt. Diese Mischung lässt man abgedeckt mindestens 1/2 Stunde im Kühlschrank ziehen und fügt dann Eiswürfel hinzu. Man kann alles noch mit Mineralwasser verdünnen. Sangría trinkt man gut gekühlt aus einfachen Gläsern. Sie ist sowohl vor als auch nach dem Essen ein Renner. Die perfekte Erfrischung an einem heißen Sommerabend!

STIG, MARTIN, AKSEL, MADS, HANS-HENRIK,
MARIUS, JAKOB UND MARTIN D

Der Bridge-Abend ist uns heilig – da sind wir immer vollzählig. 8 Männer und 8 Gläser. Wenn jemand zu spät kommt, wird eine Flasche Wein fällig. Wir haben zusammen studiert und zweimal gemeinsam die Welt umsegelt – wir kennen einander also in- und auswendig. Manche finden, dass Bridge nur was für Rentner ist – völliger Quatsch. Bridge ist für uns der perfekte Vorwand, um uns regelmäßig zu treffen. Gemeinschaft, Zusammensein, das ist uns sehr wichtig. Der einzige Haken ist, dass Marius schon seit Weihnachten unsere Punkteliste anführt. Heute werden wir ihm aber mal zeigen, wo der Hammer hängt!

Waldpilzsuppe

Für 4 Personen

3 1/2 EL Butter

1 1/2 Zwiebeln, geschält und gehackt

650 g frische Champignons, geputzt und grob gewürfelt

50 g getrocknete Steinpilze

2 l Hühnerbrühe

350 g frische Waldpilze, geputzt und grob gewürfelt

Salz und frisch gemahlener Pfeffer

200 ml Sahne

1 1/2 EL frischer Zitronensaft

2 Esslöffel Butter bei mittlerer Hitze in einem großen Topf zerlassen. Die Zwiebeln zugeben und in 10 Minuten glasig dünsten. Die Hitze erhöhen, Champignons, getrocknete Steinpilze, Brühe und 1/2 Liter Wasser zufügen und die Suppe 10 Minuten köcheln lassen. Vom Herd nehmen und etwa 15 Minuten abkühlen lassen.

Inzwischen die restliche Butter in einer Pfanne bei mittlerer Hitze zerlassen. Die Waldpilze hineingeben und etwa 6–8 Minuten dünsten, bis die Pilze gar sind und die Pilzflüssigkeit ganz eingekocht ist. Die Pilze salzen, pfeffern und beiseite stellen.

Die abgekühlte Suppe in der Küchenmaschine pürieren. Sie soll ganz glatt werden, also jeweils kleine Portionen 3–4 Minuten pürieren. Über einem sauberen Suppentopf durch ein feines Sieb abseihen. Die Sahne und die gedünsteten Pilze einrühren. Mit Zitronensaft, Salz und Pfeffer abschmecken. Den Topf bis zum Servieren auf mittlerer Hitze warm halten, die Suppe darf allerdings nicht mehr kochen.

Spiralnudeln mit Garnelen

6 EL Olivenöl

2 Zwiebeln, geschält und gehackt

3 Knoblauchzehen, geschält und durchgedrückt

1 Stange Lauch, geputzt

12 Champignons, geputzt

ca. 300 g ausgelöste Garnelen

Salz und frisch gemahlener Pfeffer

300 g Schmand

500 g Spiralnudeln

3 EL Basilikum, frisch gehackt

Basilikumblättchen zum Garnieren

frisch gehobelter Parmesan

Olivenöl in einer Pfanne erhitzen, Zwiebeln und Knoblauch darin glasig dünsten. Den Lauch in feine Ringe und die Pilze in Scheiben schneiden. Zu den Zwiebeln geben und garen, bis die Pilze goldbraun sind. Die Garnelen zufügen und ein paar Minuten köcheln lassen. Salzen, pfeffern, den Schmand zufügen und einkochen lassen. Die Nudeln nach Packungsanleitung bissfest garen. Kurz vor dem Servieren frisch gehacktes Basilikum unter die Sauce rühren. Mit den Nudeln vermischen und mit frischem Basilikum und Parmesanspänen garnieren.

Crème brûlée

Für 8 Personen

1/2 l Sahne
150 ml Milch
90 g Zucker
3 Eier
3 Eigelb
90 g brauner Zucker

Sahne, Milch und Zucker in einen Topf geben und 3–5 Minuten bei niedriger Hitze erwärmen. Auf keinen Fall kochen lassen! Vom Herd nehmen und die Mischung leicht abkühlen lassen. Eier und Eigelbe verquirlen und vorsichtig unter die lauwarme Milchmischung rühren. Die Masse auf 8 kleine Soufflé-Förmchen verteilen und in die Fettpfanne des Backofens stellen. So viel Wasser zugießen, dass die Formen bis zur halben Höhe darin stehen. Im auf 150 °C vorgeheizten Backofen (mittlere Schiene) 40–50 Minuten garen.
Die Förmchen aus dem Ofen nehmen und 1 Stunde ruhen lassen. Eine Schicht braunen Zucker über jede Creme streuen und unter dem Backofengrill in 2–3 Minuten goldbraun karamellisieren. Das Dessert kalt mit einer Tasse starkem, heißem Kaffee servieren.

Martins Lachsfilets

3 Eier
Paniermehl
Salz und frisch gemahlener Pfeffer
12 Stücke Lachsfilet oder Lachs-Tranchen (à 125 g)
Butter zum Braten
3 große Zwiebeln, geschält und gehackt
15 Champignons, geputzt und in Scheiben geschnitten

Die Eier in einer Schale mit einer Gabel verquirlen. Paniermehl, Salz und Pfeffer in einem tiefen Teller mischen. Die Fischfilets waschen und trockentupfen. Zunächst im Ei, danach im Paniermehl wenden. Butter in einer Pfanne erhitzen und den Lachs darin ca. 6 Minuten braten, bis er gar ist. Reichlich Butter in einer zweiten Pfanne erhitzen. Die Zwiebeln darin glasig dünsten. Die Pilze zufügen und 5 Minuten braten.

Den Fisch mit Pilzen und Zwiebeln auf Tellern anrichten. Den Fisch mit Pellkartoffeln, Schmand und einem knackigen grünen Salat servieren. Den Salat mit frisch gepresstem Zitronensaft beträufeln.

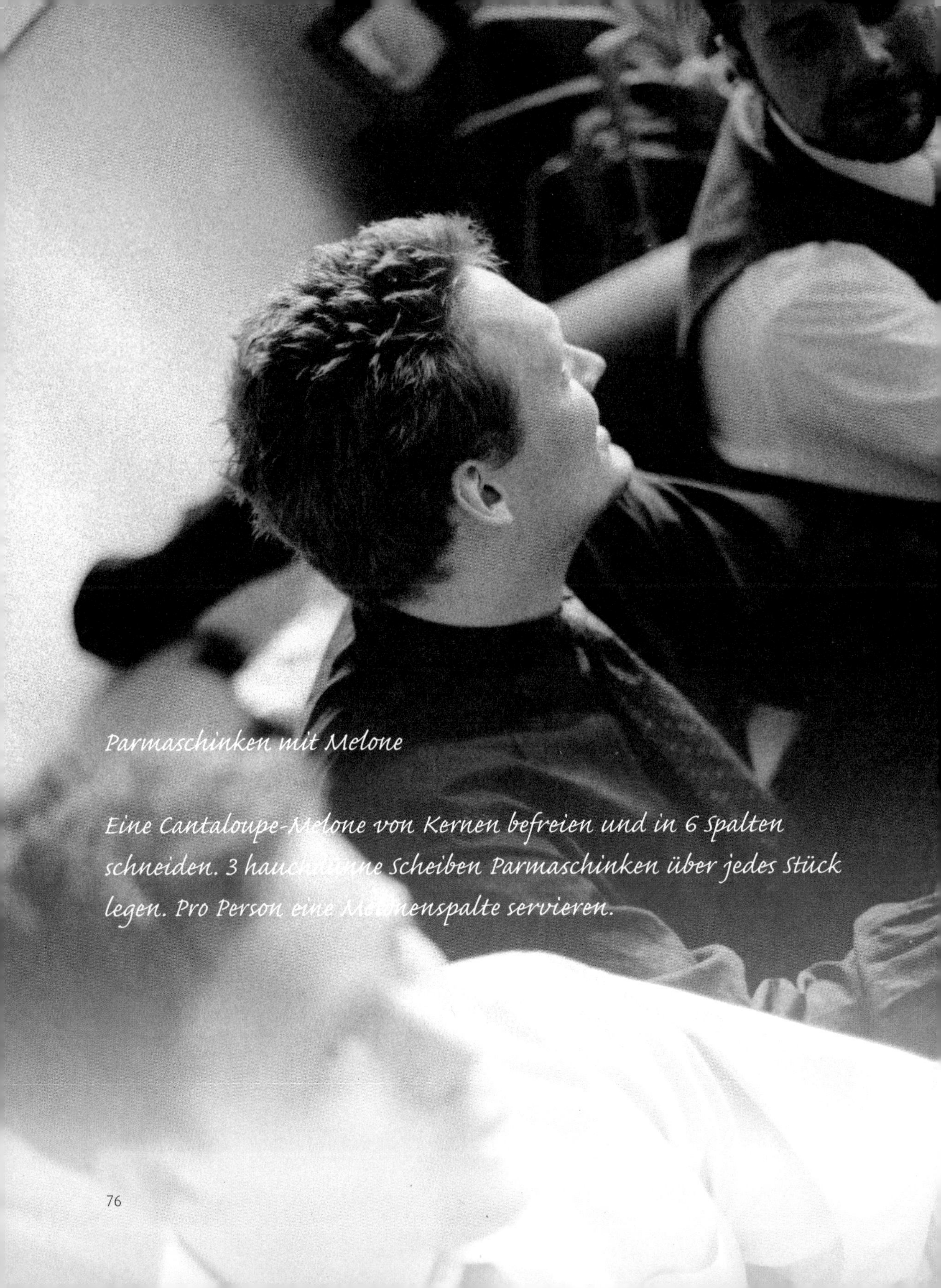

Parmaschinken mit Melone

Eine Cantaloupe-Melone von Kernen befreien und in 6 Spalten schneiden. 3 hauchdünne Scheiben Parmaschinken über jedes Stück legen. Pro Person eine Melonenspalte servieren.

Überbackene Zwiebelsuppe

4 große Zwiebeln

2 EL Butter

2 EL Mehl

1 1/2 l Brühe

Salz und frisch gemahlener weißer Pfeffer

6 Scheiben Weißbrot ohne Rinde

200–300 g frisch geriebener Käse (z. B. Gruyère oder Emmentaler)

Die Zwiebeln schälen und in dünne Ringe schneiden. Butter in einem Topf erhitzen und die Zwiebeln darin dünsten, bis sie braun sind. Mehl einstreuen und ebenfalls anbräunen. Mit Brühe ablöschen. Salzen, pfeffern und 30 Minuten köcheln lassen. Die Weißbrotscheiben in Würfel schneiden. Den Backofen auf 275 °C vorheizen und währenddessen das Brot auf einem Backblech (mittlere Schiene) darin knusprig rösten. Die Suppe auf ofenfeste Schalen verteilen, das Brot vorsichtig obenauf verteilen und mit Käse bestreuen. Im vorgeheizten Ofen 10 Minuten gratinieren, bis der Käse geschmolzen und goldbraun ist. Sofort servieren.

Norwegisches Hofdessert

Für 8 Personen

300 ml Sahne

1 TL Vanillezucker

24 Meringen/Baisers (Fertigprodukt)

100 g dunkle Kuvertüre, grob gerieben

Die Sahne mit dem Vanillezucker steif schlagen. Sahne, Meringen oder Baisers und Schokolade abwechselnd in eine weite Schüssel schichten. Mit Schlagsahne und Schokolade dekorieren. Sofort servieren.

wenn jemand zu spät kommt, wird eine Flasche wein fällig!

Rhabarberkuchen

165 g Butter
165 g Zucker
3 Eier
185 g Mehl
2 TL Backpulver
1 TL Vanillezucker
4–5 Stängel Rhabarber, geputzt
3 EL Zucker zum Bestreuen
10–12 gehackte Mandeln

Die Butter schmelzen und wieder abkühlen lassen (so verbindet sie sich schneller mit dem Zucker). Butter und Zucker schaumig rühren. Eier und Mehl abweschelnd nach und nach unterrühren. Den letzten Teil Mehl zuvor mit dem Backpulver mischen. Schließlich den Vanillezucker zugeben.

Eine Springform mit 24–26 cm Durchmesser einfetten und den Teig einfüllen. Die Rhabarberstangen in etwa 15 cm lange Stücke schneiden und in einem hübschen Muster auf den Teig legen. Mit Zucker und Mandeln bestreuen. Im auf 200 °C vorgeheizten Backofen (mittlere Schiene) 30–35 Minuten backen. Wenn der Kuchen beginnt, Farbe anzunehmen, mit Alufolie abdecken.

LACHSTATAR MIT RUCOLASALAT

Für das Lachstatar:
600 g frisches Lachsfilet, sehr fein gewürfelt
3 EL Olivenöl
1 TL Salz
1/2 TL frisch gemahlener Pfeffer
2-3 EL frischer Koriander, fein gehackt

Für das Ingwerdressing:
2 EL süß eingelegter Ingwer, fein gehackt
1 Knoblauchzehe, geschält und fein gehackt
Saft von 1 Limette
2 EL Sojasauce
ca. 8 EL Olivenöl
Salz und frisch gemahlener Pfeffer

Außerdem:
3 Bund Rucola, gewaschen und geputzt

Für das Lachstatar alle Zutaten gut mischen und kalt stellen.
Für das Ingwerdressing Ingwer, Knoblauch, Limettensaft und Sojasauce mischen. Das Öl in einem dünnen Strahl unterrühren. Salzen und pfeffern.
Rucola mit etwas Dressing mischen und auf Teller verteilen. Das Lachstatar darauf anrichten und mit dem restlichen Dressing beträufeln.

Meerrettichdressing schmeckt auch gut dazu:
200 g Crème fraîche
ca. 1-2 EL Meerrettich, frisch gerieben oder aus dem Glas
Saft von 1 Zitrone
1-2 TL Zucker
etwas Milch
je 2 EL Schnittlauch und Petersilie, fein gehackt
1 kleine Gewürzgurke, in Julienne-Streifen geschnitten

Die Zutaten gut mischen. Das Meerrettichdressing über den Salat träufeln und mit Gurken-Julienne dekorieren. Mit geröstetem Weißbrot servieren.

Nackenkoteletts in Sahnesauce

Für 8 Personen

8 Nackenkoteletts

Fett für die Form

Salz und frisch gemahlener Pfeffer

300 ml Sahne

100 g geriebener Käse (z. B. Gouda)

frische Basilikumblättchen, klein gezupft

Die Koteletts in eine eingefettete ofenfeste Form oder auf ein Backblech legen, salzen und pfeffern. Die Sahne darübergießen, mit Käse und Basilikum bestreuen.
Im auf 200 °C vorgeheizten Backofen (mittlere Schiene) etwa 20 Minuten backen.

Skagencreme

Für die Creme:

1 Zwiebel, geschält und fein gehackt

2 EL frischer Dill, gehackt

300 g Schmand

250 g Garnelen, gekocht, ausgelöst und von Darmfäden befreit

50 g norwegischer Maränenkaviar (løyrom) oder Forellenkaviar

Salz und frisch gemahlener Pfeffer

1 Knoblauchzehe, geschält und zerdrückt

Außerdem:

6 Weißbrotscheiben ohne Rinde

Olivenöl

2–3 Knoblauchzehen, geschält und zerdrückt

Dillspitzen zum Garnieren

Dies ist eine ganz einfache Vorspeise: Zwiebel und Dill mit dem Schmand verrühren. Garnelen und Kaviar zufügen und gut mischen. Mit Salz, Pfeffer und Knoblauch abschmecken. Die Mischung abgedeckt für ein paar Stunden im Kühlschrank ziehen lassen. Brotscheiben auf ein Backblech legen. Olivenöl mit Knoblauch mischen und darauf verteilen. Im auf 220 °C vorgeheizten Backofen (mittlere Schiene) goldbraun backen. Auf jeden Teller je 1 Scheibe Brot legen und großzügig Skagencreme darauf verteilen. Mit Dill garnieren.

Wir sind echte Mädels und nennen uns „Girlsa". 2 Blondinen und 2 Brünette – schön gleichmäßig verteilt. Wenn wir uns treffen, quatschen wir uns gegenseitig zu und leeren dabei ein paar Flaschen Rotwein. Wir teilen alles und sind beste Freundinnen – eigentlich schon immer. Ein paar Freunde von uns nennen sich Ottar – der Kerleklub. Wir haben sie zu uns eingeladen, aber sie weigern sich zu kommen. Wahrscheinlich haben sie Angst vor unserer Mädchengang. Heute ist ein großer Tag, denn Julie hat einen neuen Freund!

SARA, JULIE, ANETTE UND MARIA

Late Night Girlsa Bowle

50 cl Wodka (60 Vol.-%)
1,5 l Rotwein, gut gekühlt
1 l Sprite, gut gekühlt
250 g Erdbeeren
3 Kiwis
Eiswürfel

Die Getränke mischen. Die Früchte waschen, putzen, klein schneiden und zur Bowle geben. Die Eiswürfel ganz zum Schluss zufügen. Dann wird gebechert!

Mit Salat gefülltes Blumentopf-Brot

Hier eine ganz pfiffige Idee! Man isst das Brot nicht zum Salat, sondern füllt den Salat ins Brot! Dazu zunächst einen guten Brotteig kneten. Dafür einfaches Mehl oder Vollkornmehl verwenden und nach Geschmack mit Kräutern, Käse, Oliven oder anderen Leckereien aufpeppen. Einen Brotteig zubereiten (s. S. 16, aber ohne Käse). Nach dem Gehen in 6 Teile teilen und ausrollen. Jeden Teigfladen außen um kleine saubere, sehr gut eingefettete Blumentöpfe legen. Man kann Terrakotta-, Metall- oder Keramiktöpfe verwenden. Wichtig ist nur, dass man sie sehr gut einfettet. Im auf 220 °C vorgeheizten Backofen (mittlere Schiene) backen. Mit Alufolie abdecken, falls der Teig zu dunkel wird. Die Brotschalen mit einem leckeren Salat füllen. Ich mache immer das Dressing zuerst, damit es lange ziehen kann und sich all die guten Aromen entwickeln können. Dazu mische ich:

3 Teile natives Olivenöl extra
1 Teil Balsamico
Senf
frisches Basilikum, gehackt
frischer Oregano, gehackt
Knoblauch
frisch gemahlener Pfeffer

Champignonscheiben, rote Zwiebelringe und Feta-Käse lasse ich im Dressing marinieren.

Für den Salat kann man ganz nach Geschmack vorgehen. Ich verwende:
Rucola und Lollo rosso
rote und orange Paprikaschote
Strauchtomaten

Das Dressing über den Salat geben. Mit den Pilzen, den Zwiebeln und dem Feta garnieren.

Carpaccio

Carpaccio nennt der Italiener hauchdünne Scheiben von rohem Rindfleisch. Dafür am besten Rinderfilet verwenden und vor dem Gebrauch einfrieren. So werden zum Einen eventuelle Bakterien abgetötet, und zum Anderen lässt sich das Fleisch danach noch dünner klopfen. Die Scheiben (etwa 50g pro Person) auf ein Bett aus Rucola legen. Parmesan darüber hobeln und mit Basilikumblättern, roten Zwiebelringen und Kapern garnieren. Zum Schluss noch reichlich gutes Olivenöl darüber träufeln.

Fruchtspieße mit Eiscreme

Bei Fruchtspießen hat man die freie Wahl – jeder kann einfach seine Lieblingsfrüchte aufspießen. Ich nehme:

Erdbeeren
Ananas
Kiwis
blaue Trauben.

Sternfrüchte sehen auch richtig toll aus – haben allerdings kaum Geschmack. Die Früchte je nach Größe ganz oder in Stücken auf Spieße verteilen und zum Anrichten in eine halbe Ananas stecken.

Mit Vanilleeis servieren.

LASAGNE

200 g grüne Lasagneplatten

Für die Bolognese-Sauce:
Öl zum Braten
300 g mageres Rindergehacktes
Salz und frisch gemahlener Pfeffer
2 große Zwiebeln, geschält und fein gehackt
300 ml Chilisauce
1/2-1 rote Chilischote, geputzt, entkernt und fein gehackt
2-3 Knoblauchzehen, geschält und fein gehackt
2 EL gehackter Oregano
2 EL gehacktes Basilikum

Für die Béchamel-Sauce:
2 EL Butter
3 EL Mehl
1/2 l Milch oder Sahne
Salz und frisch gemahlener weißer Pfeffer
100 g geriebener Käse (z.B. Emmentaler, Gouda, Parmesan oder Mozzarella)

Für die Bolognese-Sauce das Öl in einem großen Topf erhitzen. Das Gehackte darin scharf anbraten, salzen und pfeffern. Zwiebeln, Chilisauce, Chilischote, Knoblauch und Kräuter zufügen. Die Sauce 20 Minuten köcheln lassen.
Für die Béchamel-Sauce die Butter in einem Topf zerlassen, das Mehl unter Rühren darin anschwitzen. Nach und nach unter ständigem Rühren Milch oder Sahne zugeben und aufkochen lassen. Die Sauce bei geringer Hitze 5-10 Minuten köcheln lassen. Salzen, pfeffern und die Hälfte des Käses unterrühren.
In eine ofenfeste Form etwas von der Béchamel-Sauce geben. Abwechselnd Lasagneplatten, Fleischsauce und Béchamel-Sauce einschichten. Die Sauce muss immer gut über den Platten verteilt werden. Mit Béchamel-Sauce abschließen.
Den restlichen Käse darüberstreuen und im auf 200 °C vorgeheizten Backofen (mittlere Schiene) 30 Minuten backen. Mit einer Gabel prüfen, ob die Lasagneplatten gar sind. Wenn der Käse etwas zu braun wird, gegen Ende der Garzeit mit Alufolie abdecken. Mit einem grünen Salat oder Tomatensalat und frischem Brot servieren.

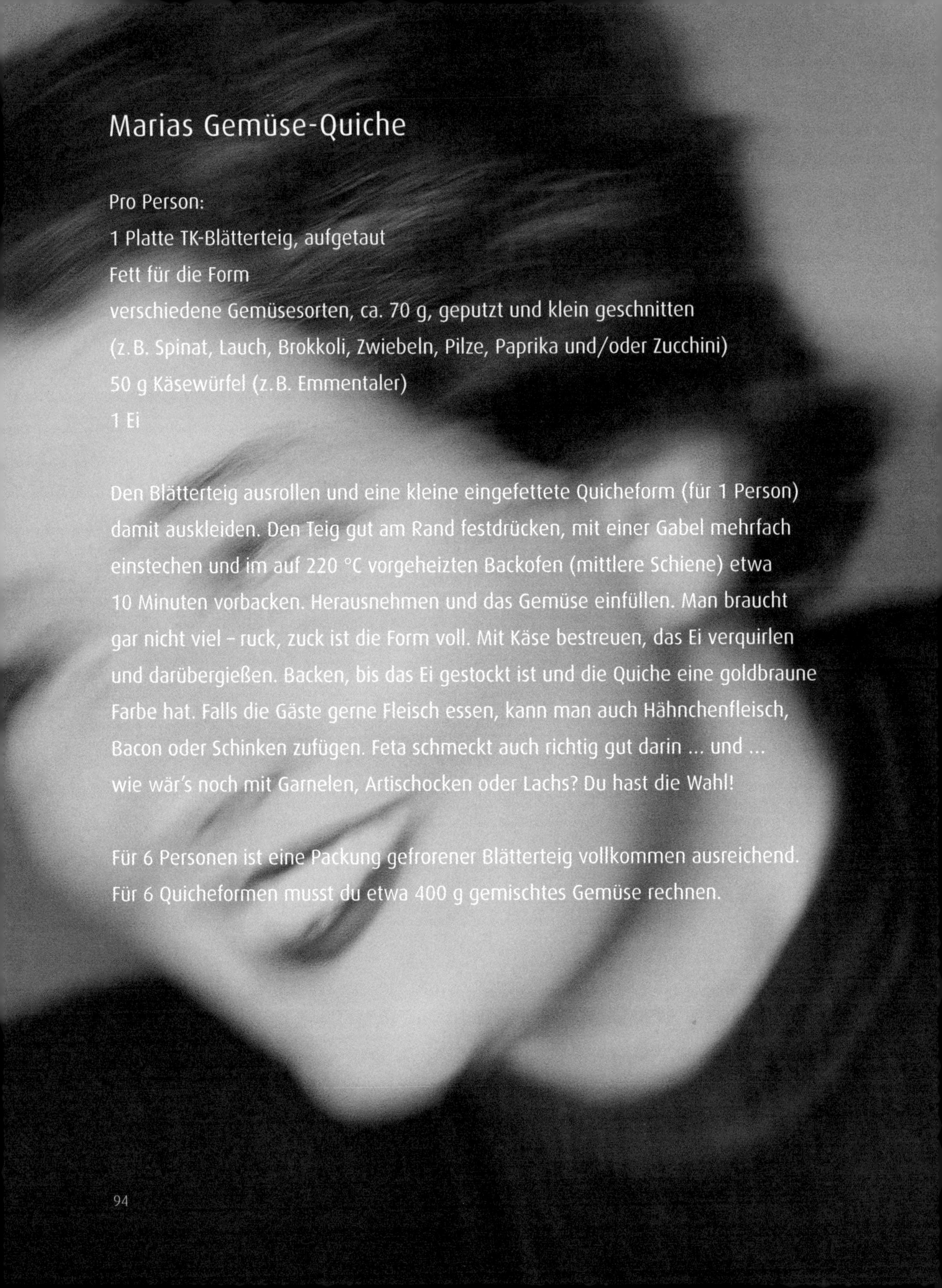

Marias Gemüse-Quiche

Pro Person:
1 Platte TK-Blätterteig, aufgetaut
Fett für die Form
verschiedene Gemüsesorten, ca. 70 g, geputzt und klein geschnitten
(z. B. Spinat, Lauch, Brokkoli, Zwiebeln, Pilze, Paprika und/oder Zucchini)
50 g Käsewürfel (z. B. Emmentaler)
1 Ei

Den Blätterteig ausrollen und eine kleine eingefettete Quicheform (für 1 Person) damit auskleiden. Den Teig gut am Rand festdrücken, mit einer Gabel mehrfach einstechen und im auf 220 °C vorgeheizten Backofen (mittlere Schiene) etwa 10 Minuten vorbacken. Herausnehmen und das Gemüse einfüllen. Man braucht gar nicht viel – ruck, zuck ist die Form voll. Mit Käse bestreuen, das Ei verquirlen und darübergießen. Backen, bis das Ei gestockt ist und die Quiche eine goldbraune Farbe hat. Falls die Gäste gerne Fleisch essen, kann man auch Hähnchenfleisch, Bacon oder Schinken zufügen. Feta schmeckt auch richtig gut darin … und … wie wär's noch mit Garnelen, Artischocken oder Lachs? Du hast die Wahl!

Für 6 Personen ist eine Packung gefrorener Blätterteig vollkommen ausreichend. Für 6 Quicheformen musst du etwa 400 g gemischtes Gemüse rechnen.

Maria ist nämlich gerade Vegetarierin geworden!

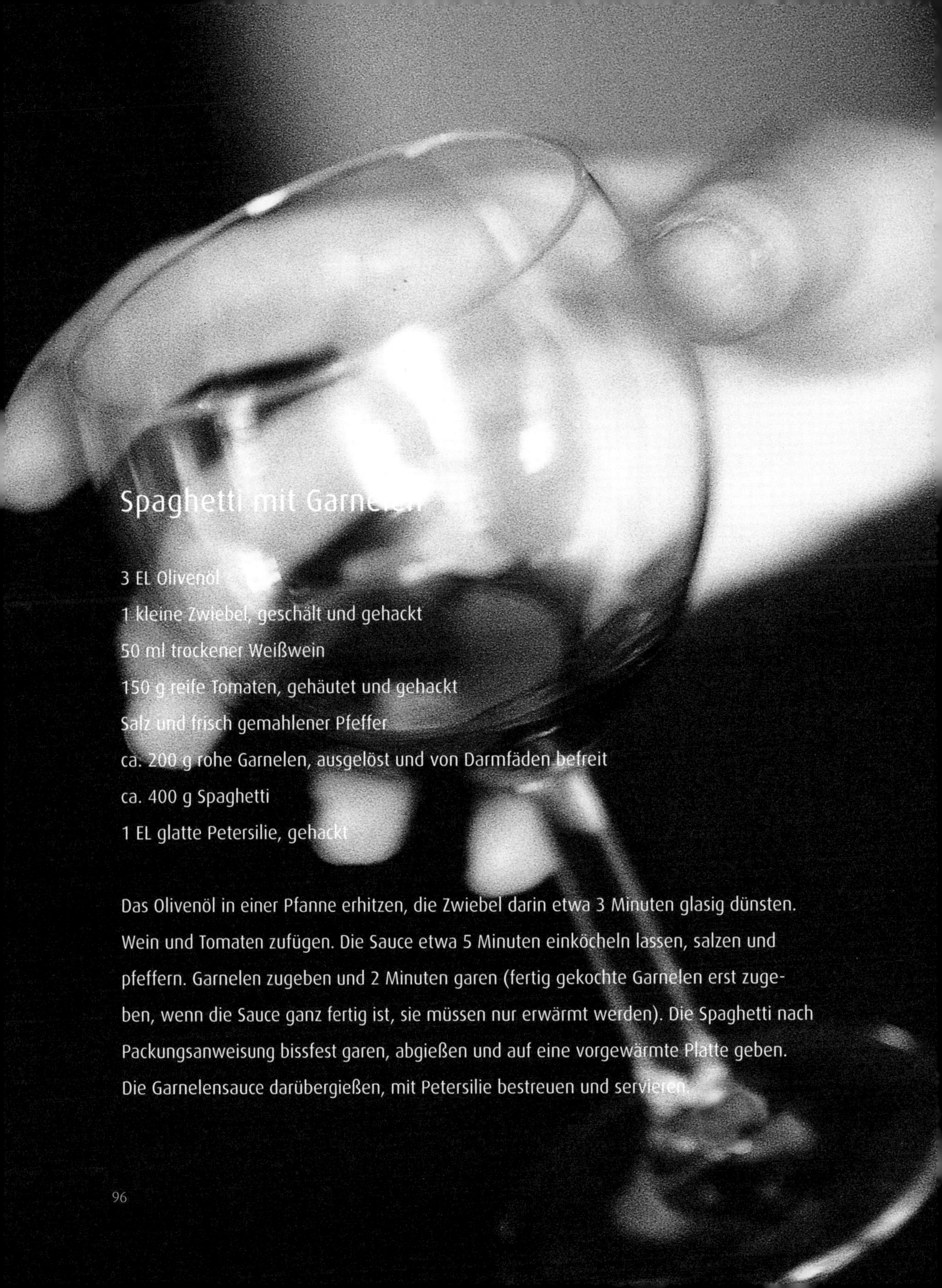

Spaghetti mit Garnelen

3 EL Olivenöl

1 kleine Zwiebel, geschält und gehackt

50 ml trockener Weißwein

150 g reife Tomaten, gehäutet und gehackt

Salz und frisch gemahlener Pfeffer

ca. 200 g rohe Garnelen, ausgelöst und von Darmfäden befreit

ca. 400 g Spaghetti

1 EL glatte Petersilie, gehackt

Das Olivenöl in einer Pfanne erhitzen, die Zwiebel darin etwa 3 Minuten glasig dünsten. Wein und Tomaten zufügen. Die Sauce etwa 5 Minuten einköcheln lassen, salzen und pfeffern. Garnelen zugeben und 2 Minuten garen (fertig gekochte Garnelen erst zugeben, wenn die Sauce ganz fertig ist, sie müssen nur erwärmt werden). Die Spaghetti nach Packungsanweisung bissfest garen, abgießen und auf eine vorgewärmte Platte geben. Die Garnelensauce darübergießen, mit Petersilie bestreuen und servieren.

Anettes Pastasalat

500 g Penne rigate
ca. 200 ml Kaffeesahne
ca. 90 g fettarme Mayonnaise
2 Knoblauchzehen, geschält und zerdrückt
2 TL Currypulver
2 TL getrockneter Estragon
Salz und frisch gemahlener Pfeffer
15 Cocktailtomaten
3 Frühlingszwiebeln
1 rote Paprikaschote

Die Nudeln nach Packungsanweisung bissfest garen, abgießen und abkühlen lassen. Kaffeesahne, Mayonnaise, Knoblauch, Gewürze und Kräuter mischen. Das Gemüse putzen und klein schneiden. Alles gut vermengen.

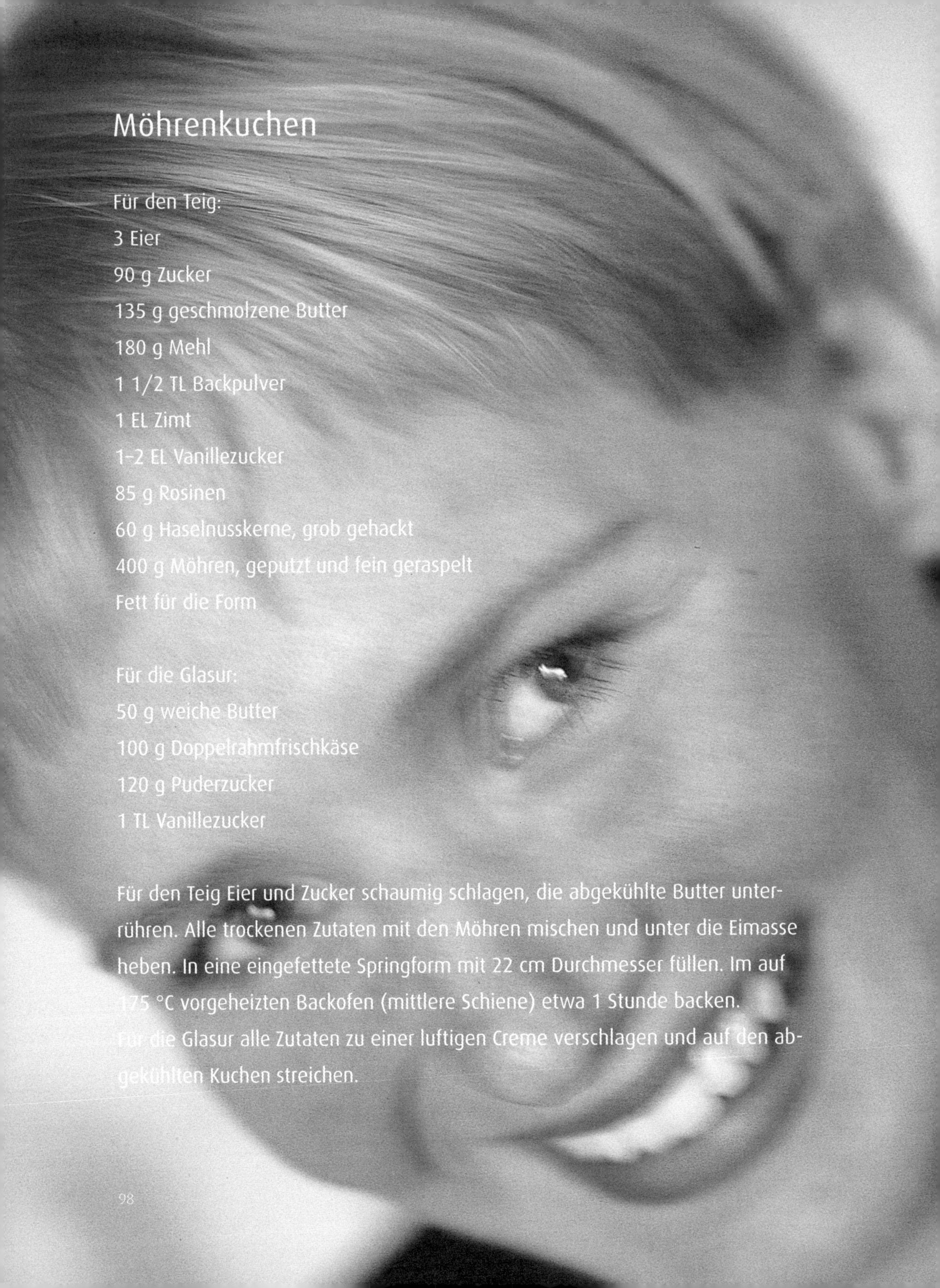

Möhrenkuchen

Für den Teig:

3 Eier

90 g Zucker

135 g geschmolzene Butter

180 g Mehl

1 1/2 TL Backpulver

1 EL Zimt

1–2 EL Vanillezucker

85 g Rosinen

60 g Haselnusskerne, grob gehackt

400 g Möhren, geputzt und fein geraspelt

Fett für die Form

Für die Glasur:

50 g weiche Butter

100 g Doppelrahmfrischkäse

120 g Puderzucker

1 TL Vanillezucker

Für den Teig Eier und Zucker schaumig schlagen, die abgekühlte Butter unterrühren. Alle trockenen Zutaten mit den Möhren mischen und unter die Eimasse heben. In eine eingefettete Springform mit 22 cm Durchmesser füllen. Im auf 175 °C vorgeheizten Backofen (mittlere Schiene) etwa 1 Stunde backen.
Für die Glasur alle Zutaten zu einer luftigen Creme verschlagen und auf den abgekühlten Kuchen streichen.

Julies Nusskuchen mit süßer Creme

Für den Teig:
4 Eiweiß
100 g Zucker
150 g gemahlene Haselnusskerne oder Mandeln

Für die Creme:
4 Eigelb
100 ml Sahne
100 g Zucker
1 TL Vanillezucker
100 g gute Butter

Für den Teig die Eiweiße steif schlagen. Zucker und Nüsse unterheben. Eine runde Kuchenform oder Springform (Durchmesser 22–24 cm) mit Backpapier auskleiden. Den Teig einfüllen, glatt streichen und im auf 180 °C vorgeheizten Backofen (mittlere Schiene) 40 Minuten backen.
Für die Creme die Eigelbe in einem Topf verquirlen. Sahne, Zucker und Vanillezucker unterrühren. Bei geringer Hitze einmal aufkochen lassen, dann vom Herd nehmen. Die Butter einrühren und abkühlen lassen. Den Nusskuchen mit der Creme dekorieren und servieren.

Raclette

Raclette zu machen ist nicht nur sehr lecker, sondern auch sehr einfach. Leider ist echter Raclette-Käse sehr teuer, daher bitte ich die gäste immer, jeweils 200-300 g Raclette-Käse mitzubringen. Den Rest besorge ich. Für das Raclette kann man übrigens auch andere Käsesorten verwenden – nimm einfach die, die dir am besten schmeckt. Wenn du kein Raclette-Gerät besitzt, kannst du dir bestimmt eins leihen.

Das stellst du dazu: Schalen mit klein geschnittenem Lauch, Paprika und Radieschen. Außerdem Schinkenspeck, grünen Salat, Pellkartoffeln und Schmand. Zum Raclette isst man auch säuerliche Dinge wie Silberzwiebeln, Gewürzgurken, Kapern. Es ist so unglaublich gemütlich, stundenlang am Tisch zu sitzen, zu reden und zu essen. Meistens grillen wir zusätzlich auch noch Bacon, Rindfleisch oder Würstchen – das setzt allem die Krone auf.

Käsesoufflé

3 EL Butter
4 EL Mehl
300 ml Milch
5 Eier
150 g Raclette-Käse, gerieben (ersatzweise Emmentaler)
100 g Parmesan, gerieben
Salz
frisch gemahlener weißer Pfeffer
Fett für die Form

Die Butter in einem Topf erhitzen, das Mehl unter Rühren darin anschwitzen. Nach und nach unter ständigem Rühren die Milch zugeben und aufkochen lassen. Die Sauce bei geringer Hitze 3–5 Minuten köcheln, dann leicht abkühlen lassen. Die Eier trennen. Die Eigelbe nach und nach unter kräftigem Schlagen unter die Sauce rühren. Den Käse unterrühren und mit Salz und Pfeffer würzen. Die Eiweiße steif schlagen und vorsichtig unterheben. Die Masse in eine eingefettete Soufflé-Form füllen. Im auf 175 °C vorgeheizten Backofen (mittlere Schiene) etwa 50 Minuten backen, bis das Soufflé aufgegangen ist und Farbe bekommen hat. Sofort mit frischem Brot und einem grünen Salat servieren.

Wir nennen uns PEP und sind drei wilde und kreative junge Frauen. Wir leben und arbeiten in Oslo, wo wir uns regelmäßig zu unserem Freitagsclub treffen. Wichtig dabei: Frozen Margaritas trinken. PEP ist auch der Name eines Waschmittels, aber damit haben wir natürlich nichts am Hut – modern, wie wir sind. Seit Rita aus Kuba zurück ist, dreht sich bei uns alles nur noch um Rum und Salsa.

CAMILLA, RITA UND GRY

Margarita a'la PEP.

Magaritas à la PEP

Für 6 Gläser

1 l Crushed Eis (Fertigprodukt)
150 ml weißer Tequila
6 cl Cointreau
etwas Zucker
Saft von 4 Limetten
Salz für die Gläser

Eis, Tequila, Cointreau, Zucker und Limettensaft (etwas für die Gläser zurückhalten) in einem Cocktailshaker mischen. Etwa 30 Sekunden schütteln. Die Glasränder mit Limettensaft einstreichen und kopfüber in eine Schüssel mit Salz tauchen. So haftet das Salz am Glasrand. Die Gläser mit der Margarita füllen und servieren.

Caribbean Inferno

2 EL Olivenöl

1 Zwiebel, geschält und grob gehackt

2–3 Knoblauchzehen, geschält und fein gehackt

1 rote Chilischote, geputzt, entkernt und fein gehackt

1 rote Paprikaschote, geputzt und in Streifen geschnitten

1 Dose geschälte Tomaten (800 g)

70 g Tomatenmark

2–3 Kartoffeln

1 TL Salz

frisch gemahlener Pfeffer

400 g Klippfisch, mindestens 24 Stunden gewässert (Vorbereitung s. S. 117)

frische Basilikumblättchen zum Garnieren

Olivenöl in einer Pfanne erhitzen, Zwiebel, Knoblauch, Chili und Paprika darin andünsten. Tomaten und Tomatenmark zufügen und bei mittlerer Hitze ein paar Minuten köcheln lassen. Kartoffeln schälen, in Würfel schneiden und zugeben. Salzen, pfeffern und weiterköcheln lassen. Den Fisch nach Packungsanweisung kochen und in eine ofenfeste Form geben. Die Tomatensauce darübergießen und mit einem Deckel oder Alufolie abdecken. Im auf 200 °C vorgeheizten Backofen (mittlere Schiene) etwa 45 Minuten schmoren. Mit frischem Basilikum garnieren und servieren.

TINE
Flote

Banana Tropicana

1/4 l Sahne
1 TL Vanillezucker
2 EL Butter
6 EL Zucker
4 Bananen
2 EL brauner Rum

Die Sahne mit dem Vanillezucker steif schlagen und kalt stellen. Eine ofenfeste Form mit der Hälfte der Butter einfetten und die Hälfte des Zuckers auf dem Boden verteilen. Die Bananen längs halbieren und mit der Schnittfläche nach unten in die Form legen. Den restlichen Zucker darüberstreuen und Butterflocken darauf verteilen. Im auf 200 °C vorgeheizten Backofen (mittlere Schiene) 6–10 Minuten backen, bis der Zucker geschmolzen ist und die Bananen goldbraun sind. Aus dem Ofen nehmen, den Rum über die Bananen gießen und flambieren. Die Bananen warm mit der Sahne servieren.

KAFFE À LA CASA

IN EINER ESPRESSOKANNE
STARKEN ESPRESSO KOCHEN.
AUS KLEINEN TASSEN
UND – AUF KUBANISCHE
ART – MIT RICHTIG VIEL
ZUCKER GENIESSEN.

Mojito

Pro Longdrink-Glas:
1 unbehandelte Limette, in Spalten geschnitten
2 EL brauner Zucker
40 cl weißer Rum
Crushed Eis (Fertigprodu
frische Minzeblätter

Limettenspalten und Zucker zusammen zerstoßen. Das gelingt am besten mit einem Holzstößel. Ins Glas füllen und Rum zugeben. Crushed Eis mit den Minzeblättern mischen und ins Glas füllen. Wer es etwas milder mag, kann noch zusätzlich Limettensaft zugeben.

FONDUE

Für das Fondue:
ca. 3/4 l Sojaöl
500 g pariertes Lammfilet, Rinderfilet, Schweinefilet
oder Würstchen, nimm einfach, was du am liebsten magst.

Das servierst du dazu:
Rote Bete, Silberzwiebeln, Gewürzgurken, Radieschen, Paprikaschoten oder anderes Gemüse. Und natürlich Salat.

Avocadosauce:
2 Avocados, geschält, entsteint und zerdrückt
100 g Naturjoghurt
1 TL Zitronensaft
Salz und frisch gemahlener weißer Pfeffer

Tacosauce:
4 EL Schmand
Taco-Gewürzmischung

Knoblauchsauce:
4 EL Mayonnaise
4 EL saure Sahne
1-4 Knoblauchzehen, je nach Geschmack, geschält und zerdrückt

Paprikasauce:
4 EL Mayonnaise
4 EL saure Sahne
2-3 TL scharfe Chilisauce
je 2 EL grüne und rote Paprikawürfel

Das Fleisch in große Würfel schneiden, in Schalen füllen und zu den anderen Beilagen stellen. Die Zutaten für die einzelnen Saucen verrühren und abschmecken. Das Öl direkt im Fonduetopf auf höchster Stufe erhitzen oder zunächst auf dem Herd erwärmen und dann in den Fonduetopf gießen. Das Fleisch mit Fonduegabeln aufspießen und etwa 5-6 Minuten im heißen Öl braun braten. Dazu auch Knoblauchbrot und Kartoffeln servieren.

Avocadosalat mit Maränenkaviar und Crème fraîche

2 Avocados
Saft von 1 Zitrone
1 Kopfsalat, geputzt und gewaschen
ca. 250 g norwegischer Maränenkaviar (løyrom)
oder Forellenkaviar
ca. 150 g Crème fraîche
1/2 Zwiebel, geschält und fein gehackt
etwas Schnittlauch, fein gehackt
Salz und frisch gemahlener Pfeffer
Dillspitzen zum Garnieren

Die Avocados halbieren, entsteinen und schälen. Die Hälften längs in Scheiben schneiden und mit etwas Zitronensaft beträufeln. Einzelne Salatblätter auf Teller legen und die Avocadoscheiben darauf anrichten.

Kaviar, Crème fraîche, Zwiebel und Schnittlauch mischen. Mit Salz, Pfeffer und Zitronensaft würzen. Die Mischung über den Avocados verteilen und mit ein wenig Kaviar und Dill garnieren.

Pan Olé

Für den Teig:
25 g Hefe
300 ml lauwarmes Wasser
100 ml Olivenöl
1 TL Salz
ca. 500 g Mehl

Für den Belag:
300 g Feta, zerbröckelt
3 EL Olivenöl
2 TL getrockneter Thymian
8–10 entsteinte schwarze Oliven, in Ringe geschnitten
1 rote Zwiebel, geschält und in dünne Ringe geschnitten
frische Basilikumblättchen zum Garnieren

Den Teig wie auf Seite 42 beschrieben zubereiten, abdecken und auf das doppelte Volumen aufgehen lassen. Zu 2 Fladen ausrollen und nochmals gehen lassen. Die Brote im auf 200 °C vorgeheizten Backofen (mittlere Schiene) fast fertig backen (5–10 Minuten) und dann herausnehmen. Für den Belag Feta, Olivenöl und Thymian mit 3 Esslöffeln Wasser mischen. Auf die Brote streichen und die Olivenringe darauf verteilen. Weiterbacken, bis der Käse geschmolzen und leicht braun ist. Die Brote herausnehmen, in Dreiecke schneiden und mit Zwiebelringen und Basilikum garnieren. Diese Brote schmecken warm am besten. Man kann sie auch ohne Käse machen. Dazu die Oliven direkt nach dem Ausrollen auf den Fladen verteilen. Bei 200 °C etwa 10 Minuten backen.

Diablo: Bier und Tequila mit 1 Spritzer Limettensaft.

Bacalao

1 kg Klippfisch, gewässert, gehäutet, entgrätet und in Streifen geschnitten
600 g Kartoffeln, geschält und in dünne Scheiben geschnitten
2 rote Chilischoten, geputzt, entkernt und in feine Ringe geschnitten
3 Zwiebeln, geschält und in Ringe geschnitten
500 g Tomaten, gehäutet und in dünne Scheiben geschnitten
1 Brokkoli, geputzt und in Röschen zerteilt
4 große Möhren (nach Belieben), geputzt und in Scheiben geschnitten
200–300 ml Öl
100 g Butter

Fisch, Kartoffeln, Chili, Zwiebeln, Tomaten, Brokkoli und Möhren in einem großen Topf abwechselnd übereinanderschichten. Mit Tomaten abschließen. Öl und 200 ml Wasser darübergießen. Schließlich mit Butterflöckchen belegen. Abdecken und das Bacalao etwa 1 Stunde köcheln lassen, bis die Kartoffeln gar sind. Dabei nicht umrühren, sondern nur zwischendurch am Topf rütteln, damit nichts anbrennt. Dampfend heiß mit knusprigem Brot servieren.

CAMILLAS SALAT

Für den Salat:
4 Hähnchenbrustfilets, gewaschen und trockengetupft
Butter zum Braten
1 EL Honig
1 EL Chilipaste
2 EL Balsamico
2 EL Olivenöl
1 Kopf Romana-Salat, geputzt und gewaschen
1 Kopf Lollo rosso, geputzt und gewaschen
2 Bund Rucola, geputzt und gewaschen
200 g Pinienkerne
3 Avocados, geschält und entsteint
1 Zwiebel, geschält
4 Tomaten
1 kleines Stück Parmesan

Für das Dressing:
1 Knoblauchzehe, geschält
3 EL Essig
1 Ei + 2 Eigelb
250 ml Sonnenblumenöl
55 g Parmesan, gerieben
Salz und Pfeffer

Für den Salat die Hähnchenbrüste in der Butter scharf anbraten und in eine ofenfeste Form legen. Honig, Chilipaste, Balsamico und Olivenöl verrühren. Das Fleisch mit der Paste bestreichen und im auf 250 °C vorgeheizten Backofen (mittlere Schiene) etwa 10-12 Minuten garen. Herausnehmen und schräg in Scheiben schneiden. Salat in einer großen Schüssel mischen. Bei Bedarf die Blätter in mundgerechte Stücke zupfen. Pinienkerne in einer trockenen Pfanne rösten. Avocados in Scheiben schneiden. Die Zwiebel in Ringe und die Tomaten in Scheiben schneiden. Hähnchenfleisch, Avocado, Zwiebel, Tomaten und die Hälfte der Pinienkerne untermischen. Vom Parmesan Späne abhobeln und mit den restlichen Pinienkernen über den Salat streuen.
Für das Dressing Knoblauch, Essig, Ei und Eigelbe in einer Küchenmaschine fein pürieren. Das Öl langsam bei laufender Maschine einrühren. Parmesan und Gewürze zugeben und noch ein paar Umdrehungen machen … Das Dressing extra zum Salat reichen.

Räucherlachs-Röllchen

1 Stange Lauch, geputzt und fein gehackt
150 g Räucherlachs, fein gehackt
3 EL Crème fraîche
1 Prise Salz
frisch gemahlener weißer Pfeffer
1 Fladen mexikanische Tortilla

Die Zutaten mischen und mit Salz und Pfeffer würzen. Die Masse auf die Tortilla streichen, aufrollen und schräg in mundgerechte Stücke schneiden.

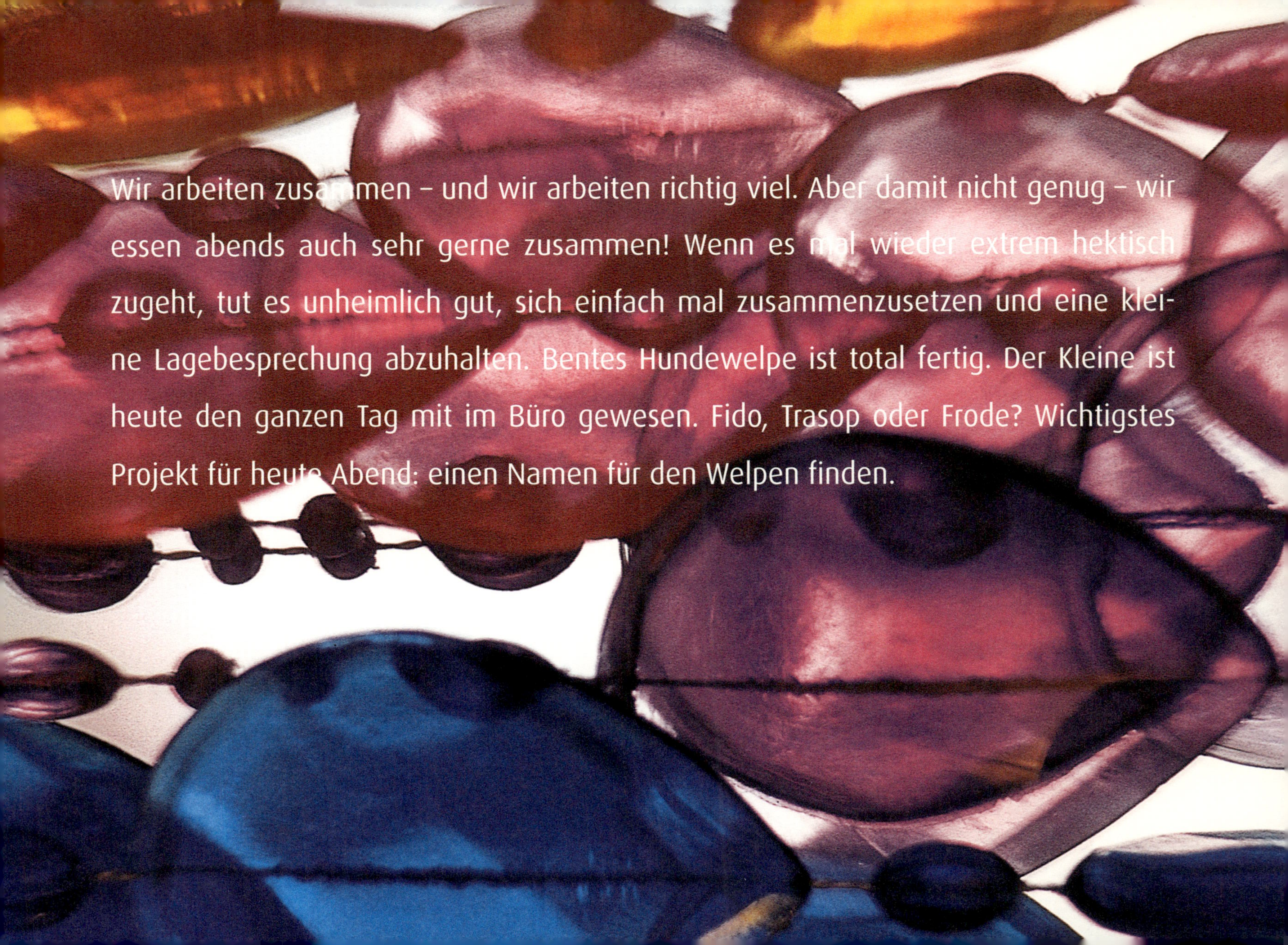

Wir arbeiten zusammen – und wir arbeiten richtig viel. Aber damit nicht genug – wir essen abends auch sehr gerne zusammen! Wenn es mal wieder extrem hektisch zugeht, tut es unheimlich gut, sich einfach mal zusammenzusetzen und eine kleine Lagebesprechung abzuhalten. Bentes Hundewelpe ist total fertig. Der Kleine ist heute den ganzen Tag mit im Büro gewesen. Fido, Trasop oder Frode? Wichtigstes Projekt für heute Abend: einen Namen für den Welpen finden.

LINE, HILDE, GJYRI, KJERSTI, ARE UND SIGMUND

Mango Daiquiri

Für 6 Gläser

200 g Mango in Zuckerlake (Dose)
10 cl weißer Rum
5 cl Cointreau
5 cl Cordial Lime Juice (gezuckerter Limettensaft)
viele Eiswürfel

Alle Zutaten in der Küchenmaschine oder im Mixer zu einem glatten, dickflüssigen Drink verrühren.

Frühlingsrollen

Für ca. 25 Stück

4 EL Maiskeimöl
4 cm frischer Ingwer, geschält und gerieben
4 Knoblauchzehen, geschält und fein gehackt
2 TL Sambal oelek oder Chiliflocken
2 Nackenkoteletts, von Fett und Knochen befreit und durch den Wolf gedreht
1 grüne Paprikaschote, geputzt und in sehr feine Streifen geschnitten
100 g Sojabohnensprossen
1 Bund Koriander, die Blättchen fein gehackt
1 EL Sesamöl
25 kleine TK-Reispapierblätter (Asienladen)
1 Eiweiß zum Bestreichen
Öl zum Frittieren

Das Öl in einem heißen Wok erhitzen. Ingwer, Knoblauch und Sambal oelek oder Chiliflocken darin anbraten. Fleisch und Paprika zufügen und pfannenrühren, bis die Paprika etwas weich geworden und das Fleisch gar ist. Vom Herd nehmen und abkühlen lassen. Bohnensprossen, Koriander und Sesamöl zugeben und alles gut vermengen. Für jede Frühlingsrolle etwa 2 Esslöffel Fleischfüllung auf ein Reispapierblatt setzen, die Blattränder mit Eiweiß bestreichen, einschlagen und zusammenrollen. Die Ränder gut festdrücken. Nicht zu stramm aufrollen!
Die vorbereiteten Frühlingsrollen mit einem feuchten Küchentuch bedecken, damit sie nicht austrocknen. Im heißen Öl goldbraun frittieren und sofort servieren. Dazu süße Chilisauce und Sojasauce zum Dippen reichen.

SATÉ-SPIESSE

ca. 1 kg Hähnchenbrustfilet, in dünne Streifen geschnitten
Holzschaschlik-Spieße, in Wasser eingeweicht

Für die Marinade:
200 g Kokospaste (Creamed Coconut)
6 EL Erdnussöl
6 Schalotten, geschält und fein gehackt
4 Knoblauchzehen, geschält und fein gehackt
4 EL Erdnussbutter (crunchy)
1 TL gemahlener Koriander
2 TL Sambal oelek
Salz

Für die Saté-Sauce:
2 EL Erdnussöl
2 Schalotten, geschält und fein gehackt
2 TL Sambal oelek
2 TL Currypulver
2 Knoblauchzehen, geschält und fein gehackt
350 g Erdnussbutter
4 TL brauner Zucker
Salz

Für die Marinade Kokospaste in einer trockenen Pfanne leicht anbräunen lassen, herausnehmen und beiseitestellen. In derselben Pfanne das Öl erhitzen. Schalotten und Knoblauch darin glasig dünsten. Erdnussbutter, Koriander und Sambal oelek einrühren und einige Minuten köcheln lassen. Vom Herd nehmen, die Kokospaste zufügen und salzen. Hähnchenfleisch mit der Mischung verrühren und 2 Stunden marinieren. Das Fleisch wellenförmig auf Spieße stecken.
Für die Saté-Sauce das Öl in einer Pfanne erhitzen. Schalotten, Sambal oelek, Curry und Knoblauch darin anbraten. 1/2 Liter Wasser, Erdnussbutter, Zucker und Salz zugeben und aufkochen lassen. Die Sauce etwa 2 Minuten köcheln lassen, bis sie glatt und sämig ist.
Die Fleischspieße unter dem Backofengrill unter mehrmaligem Wenden etwa 5 Minuten garen, bis sie schön braun sind. Heiß mit der Saté-Sauce servieren. Mit Reis wird daraus ein tolles Hauptgericht.

Mariniere in einer Tüte!

Scampi auf Avocadosalat mit Basilikum- und Chiliöl

Für die Scampi:
50 ml Sojasauce
50 ml Ketjap Manis (süße Sojasauce)
90 g Honig
100 ml Sesamöl
30 rohe küchenfertige Scampi

Für den Avocadosalat:
4 Avocados, geschält und entsteint
Saft von 2 Limetten
2 EL Olivenöl
1 rote Zwiebel, geschält und fein gehackt
1 Bund Koriander, die Blättchen fein gehackt
Salz und frisch gemahlener Pfeffer

Für das Basilikumöl:
20 große Basilikumblätter, fein gehackt
1 Knoblauchzehe, geschält und fein gehackt
150 ml Olivenöl

Für das Chiliöl:
1/2 rote Paprikaschote, geputzt und fein gewürfelt
2 kleine rote Chilischoten, geputzt, entkernt und fein gewürfelt
150 ml Olivenöl

Für die Scampi Sojasauce, Ketjap Manis, Honig und Sesamöl mischen. Die Scampi darin wenden und mindestens 1/2 Stunde im Kühlschrank marinieren lassen.
Für den Avocadosalat die Früchte in kleine Würfel schneiden und mit Limettensaft beträufeln. Öl, Zwiebel und Koriander mischen, salzen und pfeffern.
Für Basilikum- und Chiliöl jeweils alle Zutaten verrühren. Die Ölmischungen ziehen lassen.
Eine große Pfanne oder einen Wok erhitzen und die Scampi darin 2–3 Minuten braten, bis sie schön rot geworden sind. Den Avocadosalat auf Teller verteilen und obenauf jeweils 5 Scampi anrichten. Mit beiden Ölen beträufeln und dabei schöne Muster machen. Viel Spaß dabei!

KOKITA
Sambal
Oelek

Pesto

70 g Basilikumblättchen
3–4 Knoblauchzehen, geschält
3 EL Pinienkerne, geröstet
75 ml natives Olivenöl extra
50 g Parmesan, gerieben
1/2 TL Salz, frisch gemahlener schwarzer Pfeffer

Basilikum, Knoblauch und Pinienkerne in einer Küchenmaschine fein pürieren. Öl nach und nach einfließen lassen. Den Käse zufügen und kurz weiterpürieren. Mit Salz und Pfeffer vorsichtig würzen.

Koreanischer Bulgogi

1 kg Rinderfilet
100 ml Sojasauce
100 ml Wasser
4 El Frühlingszwiebeln in Ringen
1 Zwiebel in dünnen Ringen
1 Tl frisch geriebener Ingwer
1 El Zucker
1 El gemahlener Pfeffer
2 El Sesamsamen
1 El Sesamöl
→ Austernsauce nach Geschmack

Das Fleisch in dünne Scheiben schneiden. Alle anderen Zutaten verrühren und das Fleisch darin mindestens 3 Stunden marinieren. Eine Pfanne oder einen Wok auf höchster Stufe erhitzen. Das Fleisch mitsamt der Marinade hineingeben und etwa 1 Minute pfannenrühren. → mit Reis servieren.

Parmaschinken mit Parmesan

Für dieses Gericht brauchst du pro Person ca. 3–4 Scheiben Parmaschinken. Wenn du daraus eine Vorspeise machen möchtest, reicht auch weniger. Pinienkerne benötigst du auch (etwa 50 g), die du zuvor in einer trockenen Pfanne röstest. Richte den Schinken auf einer Platte an und streue die Pinienkerne darüber. Nimm ein Stück Parmesan und hobele ein paar schöne Späne auf den Schinken. Dazu reiche grünen Salat und frisches, knuspriges Brot. Wenn du willst, kannst du auch noch Rucolablätter auf dem Schinken verteilen – das sieht noch schöner aus.

*Rucola kannst du sogar in einem Topf auf der Fensterbank ziehen.
Viel Licht und viel Wasser – dann kannst du bald ernten!*

Tiramisu

5 Eier

5 EL Zucker plus 1 Prise für den Espresso

500 g Mascarpone

ca. 250 ml Espresso, frisch gekocht

1 Schuss Cointreau

200 g Löffelbiskuits

Kakaopulver zum Bestäuben

Die Eier trennen, die Eiweiße steif schlagen. Die Eigelbe mit dem Zucker schaumig rühren und mit dem Eischnee unter den Mascarpone heben. Den Espresso mit 1 Prise Zucker und etwas Cointreau verrühren. Die Flüssigkeit in einen tiefen Teller geben, die Löffelbiskuits darin wenden und den Boden einer Glas- oder Keramikform damit auslegen. Ein wenig von der Mascarponecreme auf den Keksen verteilen und eine weitere Lage Löffelbiskuits darüberschichten. Dies wiederholen, bis 3 Schichten entstanden sind. Mit der Creme enden. Tiramisu dick mit Kakaopulver bestäuben. Das Dessert etwa 2 Stunden abgedeckt im Kühlschrank durchziehen lassen.

Ciabatta

1 Würfel Hefe
1 TL Zucker
200 ml lauwarmes Wasser
650 g Mehl
150 ml Olivenöl
2 TL Salz

Die Hefe mit dem Zucker im Wasser auflösen. Zum Mehl geben und 10 Minuten lang mit Knethaken zu einem glatten Teig kneten. Zugedeckt 10 Minuten an einem warmen Ort gehen lassen. Salz und Olivenöl einarbeiten, nochmals 25 Minuten zugedeckt gehen lassen. Zu einem länglichen, flachen Brot formen, auf ein mit Backpapier ausgelegtes Blech legen, mit etwas Mehl bestäuben und im vorgeheizten Ofen bei 200 °C 30-35 Minuten backen.

Gratinierte Zucchini

1 kg Zucchini, geputzt
Salz
Fett für die Form
frisch gemahlener Pfeffer
225 g Feta, zerbröselt
100 g Blauschimmelkäse, zerbröselt
2 Knoblauchzehen, geschält und grob gehackt
7–8 Basilikumblättchen
3 Eier
300 ml Sahne

Die Zucchini in dünne Scheiben schneiden und 5 Minuten in kochendem Salzwasser blanchieren. Abgießen, gut mit Küchenpapier trockentupfen und in eine große gefettete Auflaufform legen. Salzen, pfeffern und mit beiden Käsesorten bestreuen. Knoblauch und Basilikum zusammen fein pürieren. In eine Schüssel geben und mit Eiern und Sahne verschlagen. Die Mischung über die Zucchini gießen. Im auf 200 °C vorgeheizten Backofen (mittlere Schiene) in ca. 40 Minuten goldbraun gratinieren.

Griechischer Salat

3 große Zwiebeln
6 große Tomaten
ca. 150 g Feta
Salz und Pfeffer
12-18 schwarze Oliven
Olivenöl

Die Zwiebeln schälen und hacken. Die Tomaten vom Stielansatz befreien und in Scheiben schneiden. Den Käse in Würfel schneiden. Zwiebeln und Tomaten abwechselnd in eine Salatschüssel schichten, salzen und pfeffern. Käse und Oliven darüber verteilen. Mit reichlich Olivenöl beträufeln. Mit gerösteten Weißbrot oder Baguette servieren.

Curry-Kokos-Suppe

4 Hähnchenbrustfilets, gewürfelt
1 TL Currypulver
1 EL Olivenöl
800 ml Hühnerbrühe
2 EL frisch geriebener Ingwer
1 EL frischer Koriander, gehackt
1 EL Basilikumblättchen, gehackt
2 Frühlingszwiebeln, geputzt und fein gehackt
2 rote Chilischoten, geputzt, entkernt und fein gehackt
300 g Kokospaste (Creamed Coconut)
Saft von 2 Limetten
Korianderblättchen zum Garnieren

Das Hähnchenfleisch mit dem Currypulver in Olivenöl anbraten und beiseitestellen. Die Brühe aufkochen lassen. Ingwer, Koriander und Basilikum hinzufügen. Frühlingszwiebeln und Chili mit der Kokospaste in die Brühe geben. 10 Minuten kochen lassen, dann das Fleisch und den Limettensaft zufügen. Mit frischem Koriander garniert servieren.

Gjyris Thai-Suppe

Für die Brühe:

1 Poularde
2 l Wasser
1 Würfel Hühnerbrühe
1/2 Chilischote, geputzt und entkernt
1 Knoblauchzehe, geschält und zerdrückt
2 Stängel Zitronengras, geputzt
1/2 Zwiebel, geschält und geviertelt
1 kleines Stück frischer Ingwer, geschält
1–1 1/2 EL rote Currypaste
300 ml Kokosmilch
Sahne und Zucker nach Geschmack
2 TL Salz

Für die Einlage:

1 rote Chilischote, geputzt, entkernt und fein gehackt
1 kleines Stück frischer Ingwer, geschält und gehackt
20 Champignons, geputzt und in Scheiben geschnitten
1/2 Bund Koriander, die Blättchen gehackt
2 Knoblauchzehen, geschält und zerdrückt
300 g asiatische Eiernudeln
ein paar Korianderblättchen zum Garnieren

Für die Brühe die Poularde häuten und entbeinen. Das Fleisch beiseitestellen. Die Karkasse mit 2 Litern Wasser und dem Brühwürfel in 30–40 Minuten zu einer kräftigen Brühe kochen. In einen neuen Topf abseihen. Chili, Knoblauch, Zitronengras, Zwiebel, Ingwer und Currypaste zufügen. 1/2 Stunde kochen lassen, dann wieder in einen neuen Topf abseihen. Kokosmilch, Sahne und Zucker zufügen. Salzen.

Für die Einlage Chili, Ingwer und Pilze in die Brühe geben. Das ausgelöste Hühnerfleisch in mundgerechte Stücke schneiden und roh in die Suppe geben. 30 Minuten darin gar ziehen lassen. Koriander und Knoblauch zufügen.

Die Nudeln nach Packungsanweisung garen, abgießen und auf Suppenschalen verteilen. Die Suppe darübergießen, mit ganzen Korianderblättchen garnieren und sofort servieren.

CHRISTIAN, HERMAN, FREDRIK, ERIK, MARTIN,
KAIRON, MARIUS UND CHRISTIAN B.

Wir lieben das Leben. In vollen Zügen. Gutes Essen, Drinks und Zigarren zu Hause und danach durch die Clubs ziehen. Dass wir uns kennen, ist allein Hermans Schuld. Manche von uns sind seine Jugendfreunde, den Rest kennt er von der Schule oder der Arbeit. Herman hat mir auch in der Küche geholfen. Heute Abend debütiere ich als Sushi-Koch, aber das erfährt natürlich keiner. Ich tue einfach so, als hätte ich nie etwas anderes gemacht, als Sushi zuzubereiten – und schinde Eindruck!

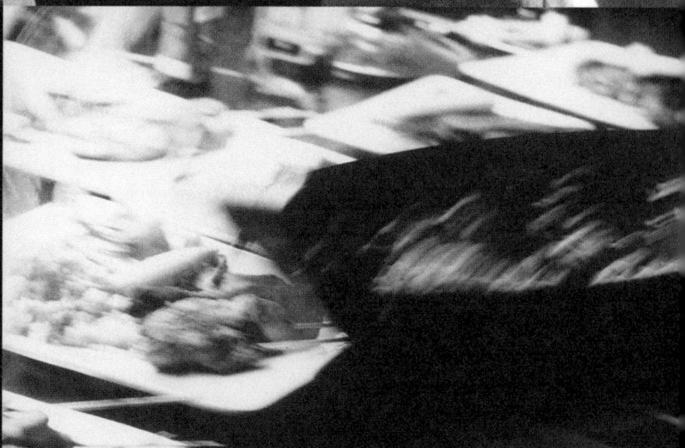
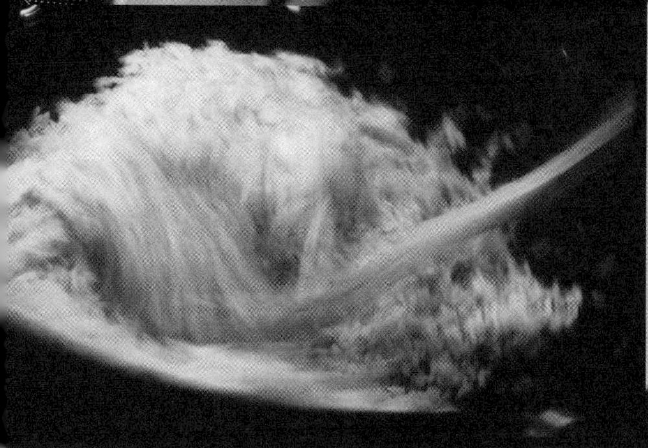

Asiatische Fischfrikadellen

Für die Fischfrikadellen:

1 kg Lachsfilet

4 EL Speisestärke

4 Eier

2 TL Szechuan-Pfeffer

2 TL Salz

Öl zum Braten

Für die Tomatensauce:

1 Dose geschälte Tomaten (800 g)

2 EL Tomatenmark

2 TL Speisestärke

2–3 Kaffir-Limettenblätter (nach Belieben)

Salz und frisch gemahlener Pfeffer

Für die Frikadellen alle Zutaten in der Küchenmaschine zu einer glatten Masse verarbeiten. Kugeln daraus formen (etwa 2 cm Durchmesser) und in Öl rundum goldbraun braten. Für die Tomatensauce Tomaten und Tomatenmark aufkochen. Die Speisestärke in einer Schale mit 1 Esslöffel kaltem Wasser glatt rühren und zur Sauce geben. Salzen, pfeffern und einmal aufkochen lassen. Wenn man es etwas pikanter mag, kann man noch 2–3 fein geschnittene Kaffir-Limettenblätter unterrühren. Diese aber nicht zu lange mitkochen (ca. 5 Minuten).

Have a jolly good meal!

NIGIRI SUSHI

Für Sushi braucht man wirklich guten, sehr frischen Fisch, etwas Geduld, viel Sake und japanisches Bier. Alle Zutaten sind problemlos im Asienladen zu bekommen. Man kann sich auf eine Sorte Fisch beschränken oder aber mehrere mischen. Frag den Fischhändler, welcher Fisch frisch genug für Sushi ist. Normalerweise nimmt man Lachs, Thunfisch und Garnelen, aber auch Tintenfisch und Steinbutt sind geeignet, wenn es etwas ganz Besonderes sein soll.

ca. 500 g Fischfilet
etwas Wasabi zum Bestreichen
Weinessig, gemischt mit Wasser
(in einer kleinen Schale, um die Finger hineinzutauchen)
500 g Sushi-Reis (der klebt so schön), nach Packungsanweisung gekocht
Sojasauce
2-3 TL Wasabi
eingelegter Ingwer, in dünne Scheiben geschnitten

Den Fisch am besten erst kurz vor dem Servieren schneiden. Dafür brauchst du allerdings ein bisschen Übung, daher solltest du evtl. etwas mehr Zeit dafür einplanen. Den Fisch waschen, trockentupfen und mit einem sehr scharfen Messer, das du zwischendurch immer wieder in kaltes Wasser tauchst, in längliche Stücke schneiden.
Dann mit dem Zeigefinger ein wenig Wasabi auf die Unterseite jedes Fischstücks streichen. Die Handfläche in Essigwasser tauchen und ein wenig Sushi-Reis aufnehmen. Die Hand vorsichtig zur Faust ballen und den Reis auf diese Weise in die typische Sushi-Form bringen. Das ist auch schon der schwierigste Teil. Die Reiskörner dürfen nicht zerdrückt werden, sondern sollen nur leicht zusammenhaften.
Jetzt nimm ein Reisklümpchen in die rechte und ein Fischstück in die linke Hand. Leg den Reis auf die mit Wasabi bestrichene Seite des Fischs und drück ihn vorsichtig mit der linken Hand fest. Leg den Sushi-Happen mit dem Fisch nach oben auf eine Platte und fahre so fort, bis der Fisch aufgebraucht ist. Übrigens: Es dauert viel länger, dieses Rezept zu lesen, als das Sushi zuzubereiten. Ein Sushi-Koch bereitet eine Portion (8 Stücke) in 2-3 Minuten zu. Mit Sojasauce, Wasabi und eingelegtem Ingwer servieren. Jede Person bekommt ein Schälchen mit Sojasauce, in der man je nach Geschmack etwas Wasabi auflöst. Lecker ist es auch, etwas Ingwer auf den Happen zu legen und ihn danach in die Sojasauce zu tunken. Glaub mir, damit schindest du Eindruck!

GEKKEIKAN
GEKKEIKAN SAKE COMPANY
FUSHIMI, KYOTO, JAPON - JAPAN
THE FINEST JAPANESE SAKE
GEKKEIKAN
月桂冠
商標
登録
清酒
純粋
大賞金牌受領
JAPANESE SAKE
SAKE JAPONAIS
ALCOHOLIC CONTENTS: 14,6% VOL.
DEGRÉ ALCOOLIQUE: 14.6° VOL.
NET CONTENTS:750ML
CONTENANCE:750ML
PRODUCT OF JAPAN

Spargelgratin

ca. 1 kg frischer Spargel
Salz
300 g Schmand
1/2 Zwiebel, geschält und grob gehackt
100 g Hüttenkäse
1 Ei
Fett für die Form
frisch gemahlener Pfeffer
ca. 80 g geriebener Käse (z.B. Emmentaler)

Für dieses Rezept am besten frischen Spargel verwenden. Ob grün oder weiß – das ist ganz egal. Der grüne schmeckt allerdings etwas intensiver. Weißen Spargel schälen, vom grünen nur den unteren, holzigen Teil abschneiden. Die Stangen in etwa 3 cm lange Stücke teilen und in Salzwasser in etwa 8–10 Minuten bissfest garen (weißen Spargel etwas länger). Das untere Drittel der Stangen jeweils abschneiden und im Mixer zusammen mit Schmand, Zwiebel, Hüttenkäse und Ei pürieren. Eine Auflaufform einfetten und die Spargelspitzen darin verteilen. Die pürierte Masse salzen, pfeffern und über dem Spargel verteilen. Mit Käse bestreuen und im auf 225 °C vorgeheizten Backofen (mittlere Schiene) etwa 10 Minuten gratinieren, bis der Käse schön braun geworden ist. Ohne Beilagen als Vorspeise servieren.

Mangosorbet in Champagner

200 g Zucker
1 l pürierte Mangos
2 Eiweiß
Champagner oder Sekt, gut gekühlt

Aus 1 Liter Wasser und dem Zucker einen Sirup kochen. Das Mangomus zugeben. Die Eiweiße steif schlagen und unter die Masse heben. In eine Gefrierdose füllen und für ca. 2 Stunden ins Eisfach stellen. Währenddessen ein paar Mal umrühren. Wenn das Sorbet gefroren ist, Kugeln davon abstechen. Jeweils 1 Kugel in jedes Glas legen und mit Champagner oder Sekt auffüllen. Sofort servieren, sonst ist alles geschmolzen!

Eyeopener

1 Teil Sekt und 2 Teile Saft nach Wahl mischen.
Kalt genießen. Ein toller Drink für einen Brunch ...

Kiwi-Dessert (selbst ausgedacht)

6 Kiwis

Die Kiwis halbieren und – servieren.

Lachsfilet mit Rucolasauce

Für den Lachs:
ca. 1 kg Lachsfilet
Salz
50 ml Olivenöl
50 g Pinienkerne
2 Knoblauchzehen, geschält und fein gehackt
Saft von 1/2 Zitrone
1 EL frisch gehacktes Basilikum

Für die Rucolasauce:
1–2 Bund Rucola
abgeriebene Schale von 1 unbehandelten Zitrone
1 EL Kapern
50 g Gewürzgurken, gehackt
50 ml Olivenöl
Salz und frisch gemahlener Pfeffer

Den Lachs salzen, mit Öl bepinseln, in eine From legen und im auf 225 °C vorgeheizten Backofen (mittlere Schiene) etwa 10 Minuten garen. Die Pinienkerne in einer trockenen Pfanne rösten. Dann das restliche Öl, Knoblauch und Zitronensaft zufügen. Etwa 2 Minuten bei niedriger Hitze dünsten, bis der Knoblauch glasig ist. Das Basilikum zufügen. Für die Rucolasauce alle Zutaten in der Küchenmaschine mischen und abschmecken.
Den Fisch auf Teller verteilen und mit Pinienkernen, Rucolasauce und frisch gekochter Pasta servieren.

Fliegender Jacob

2 Grillhähnchen
Butter für die Form und zum Braten
200 g Champignons, geputzt und in Scheiben geschnitten
4 Bananen, geschält
Currypulver
100 g Bacon, in Streifen geschnitten
400 ml Sahne
150 ml Chilisauce
2 Knoblauchzehen, geschält und fein gehackt
150 g gesalzene Erdnüsse, grob gehackt
frisch gemahlener Pfeffer

Die Grillhähnchen in mundgerechte Stücke teilen und in eine gefettete Form legen. Die Pilze in Butter braten und zum Hähnchen geben. Die Bananen längs halbieren und obenauf legen. Mit Curry bestreuen und 10 Minuten im auf 175 °C vorgeheizten Backofen (mittlere Schiene) backen. Inzwischen den Bacon schön knusprig braten. Sahne und Chilisauce mischen. Die Form aus dem Ofen nehmen und die Hitze auf 200 °C erhöhen. Sahnemischung und Knoblauch zusammen mit Bacon und Erdnüssen über den Auflauf geben. Pfeffern. Die Form wieder in den Ofen stellen und weitere 10 Minuten backen. Mit Reis servieren.

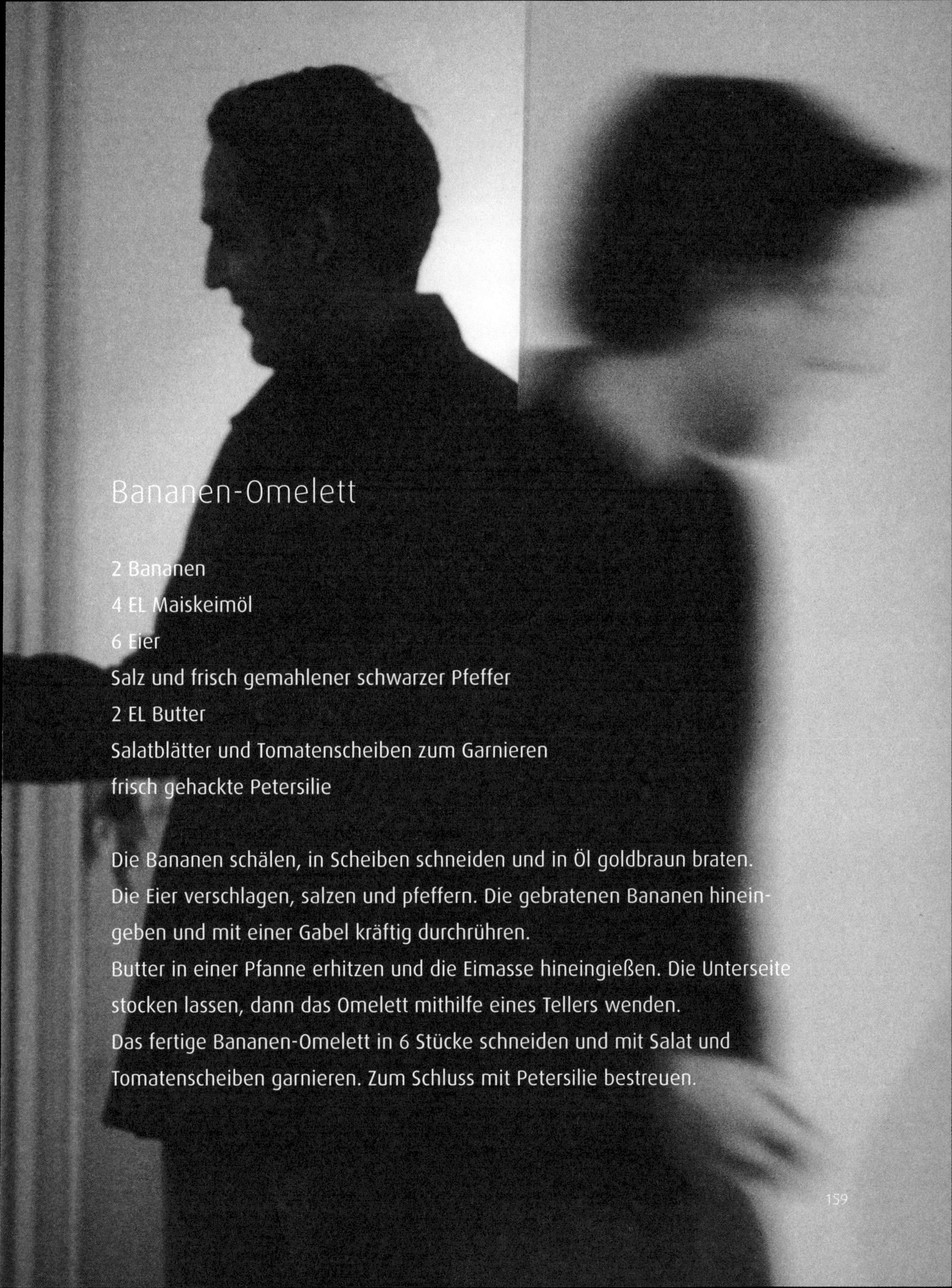

Bananen-Omelett

2 Bananen
4 EL Maiskeimöl
6 Eier
Salz und frisch gemahlener schwarzer Pfeffer
2 EL Butter
Salatblätter und Tomatenscheiben zum Garnieren
frisch gehackte Petersilie

Die Bananen schälen, in Scheiben schneiden und in Öl goldbraun braten.
Die Eier verschlagen, salzen und pfeffern. Die gebratenen Bananen hineingeben und mit einer Gabel kräftig durchrühren.
Butter in einer Pfanne erhitzen und die Eimasse hineingießen. Die Unterseite stocken lassen, dann das Omelett mithilfe eines Tellers wenden.
Das fertige Bananen-Omelett in 6 Stücke schneiden und mit Salat und Tomatenscheiben garnieren. Zum Schluss mit Petersilie bestreuen.

Gorgonzolasuppe mit Garnelen

1 EL Butter

1 Zwiebel, geschält und fein gehackt

2 EL Mehl

1 l Hühnerbrühe

125 g Gorgonzola, zerbröckelt

100 ml Sahne

1 Eigelb

Salz, frisch gemahlener weißer Pfeffer

600 g Garnelen

Sojabohnensprossen

Die Butter in einem Topf schmelzen, die Zwiebel darin glasig dünsten. Das Mehl zugeben, unter Rühren kurz anschwitzen und mit der Brühe auffüllen. Die Suppe 5 Minuten kochen lassen. Die Suppe vom Herd nehmen und den Käse darin auflösen. Sahne und Eigelb verschlagen und in die Suppe einrühren, salzen und pfeffern. Die Suppe warm halten, aber nicht mehr kochen! Die Garnelen auslösen, vom Darm befreien und kurz vor dem Servieren in die Suppe geben. Mit Sprossen dekorieren und mit knusprigem Brot servieren.

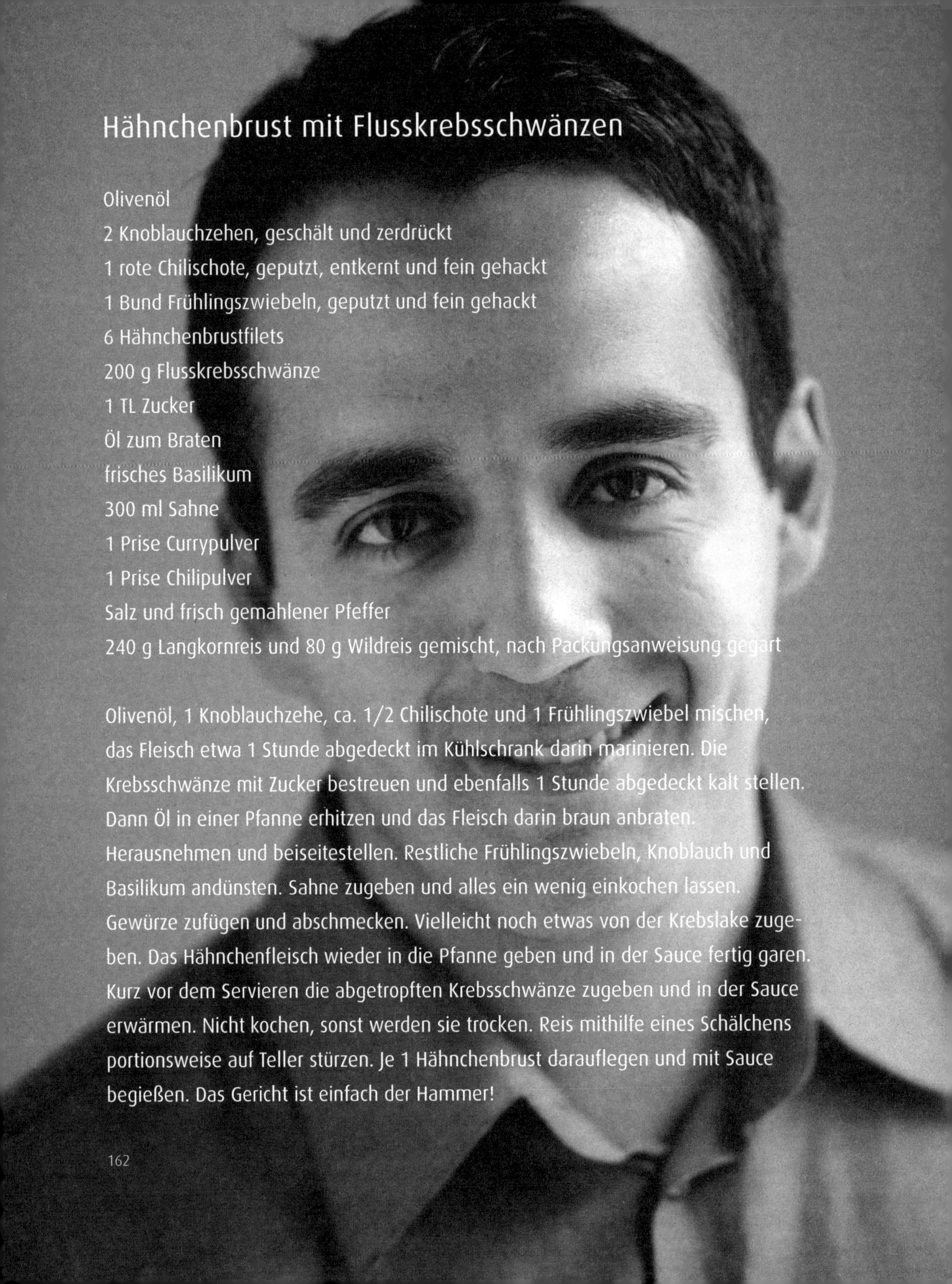

Hähnchenbrust mit Flusskrebsschwänzen

Olivenöl
2 Knoblauchzehen, geschält und zerdrückt
1 rote Chilischote, geputzt, entkernt und fein gehackt
1 Bund Frühlingszwiebeln, geputzt und fein gehackt
6 Hähnchenbrustfilets
200 g Flusskrebsschwänze
1 TL Zucker
Öl zum Braten
frisches Basilikum
300 ml Sahne
1 Prise Currypulver
1 Prise Chilipulver
Salz und frisch gemahlener Pfeffer
240 g Langkornreis und 80 g Wildreis gemischt, nach Packungsanweisung gegart

Olivenöl, 1 Knoblauchzehe, ca. 1/2 Chilischote und 1 Frühlingszwiebel mischen, das Fleisch etwa 1 Stunde abgedeckt im Kühlschrank darin marinieren. Die Krebsschwänze mit Zucker bestreuen und ebenfalls 1 Stunde abgedeckt kalt stellen. Dann Öl in einer Pfanne erhitzen und das Fleisch darin braun anbraten. Herausnehmen und beiseitestellen. Restliche Frühlingszwiebeln, Knoblauch und Basilikum andünsten. Sahne zugeben und alles ein wenig einkochen lassen. Gewürze zufügen und abschmecken. Vielleicht noch etwas von der Krebslake zugeben. Das Hähnchenfleisch wieder in die Pfanne geben und in der Sauce fertig garen. Kurz vor dem Servieren die abgetropften Krebsschwänze zugeben und in der Sauce erwärmen. Nicht kochen, sonst werden sie trocken. Reis mithilfe eines Schälchens portionsweise auf Teller stürzen. Je 1 Hähnchenbrust darauflegen und mit Sauce begießen. Das Gericht ist einfach der Hammer!

Mozzarella-Salat

Für 8 Personen

10 Tomaten
800 g Mozzarella
4 EL natives Olivenöl extra
frisch gemahlener Pfeffer
ca. 70 g Kapern
frisches Basilikum

Tomaten und Mozzarella in dicke Scheiben schneiden und abwechselnd in eine Form schichten. Mit Olivenöl beträufeln und mit Pfeffer bestreuen. Mit Kapern und Basilikum garnieren. Eine tolle Vorspeise oder eine Beilage zu Pizza oder Pasta.

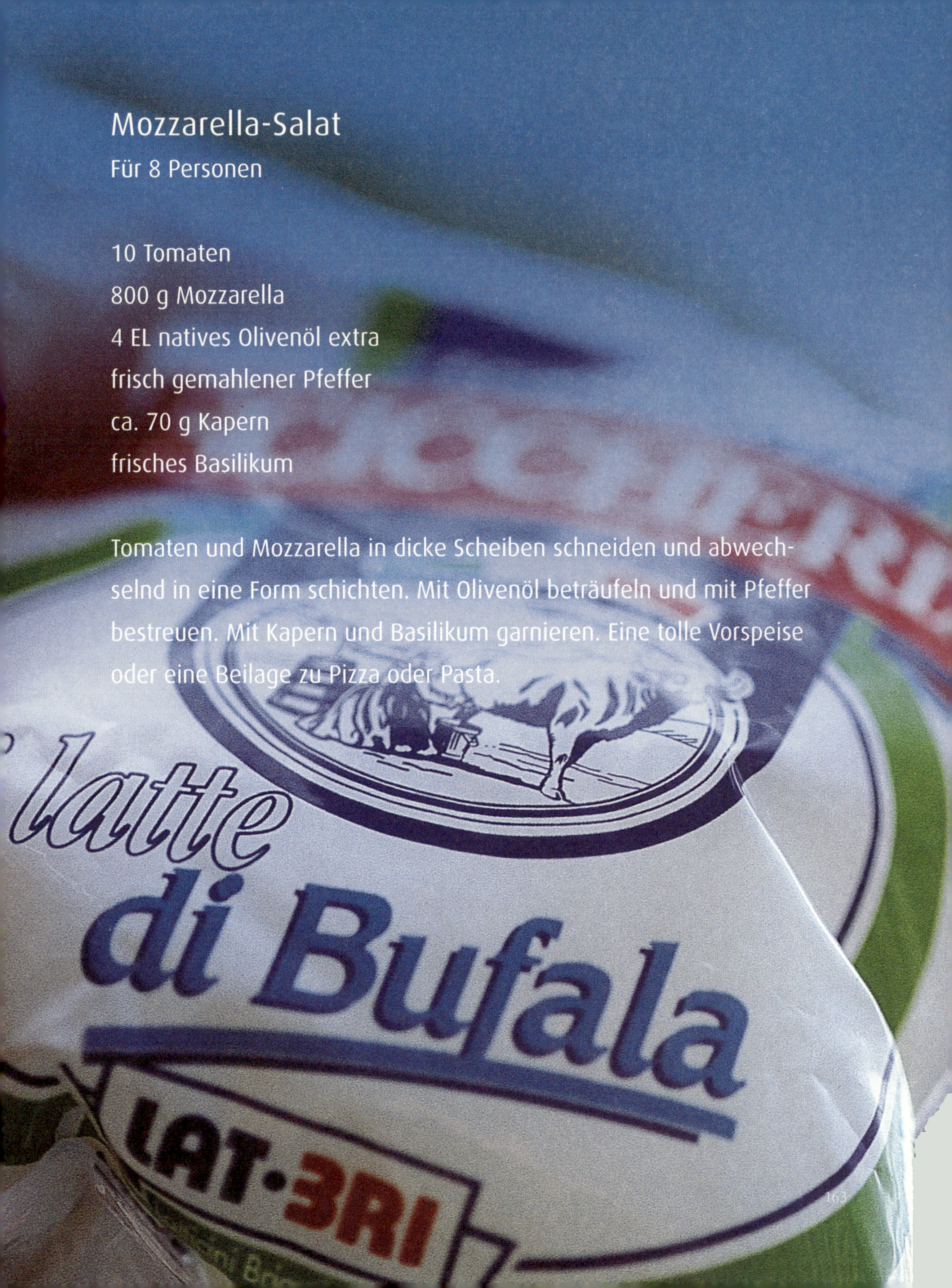

Getränke

Suppen

Salate

Dips

Vorspeisen

Fleisch

Fisch & Meeresfrüchte

Vegetarisch